Schöningh
westermann

D1918066

EinFach Deutsch

Friedrich Schiller

Wilhelm Tell

... verstehen

Erarbeitet von
Stefan Volk

Herausgegeben von
Johannes Diekhans
Michael Völkl

Bildnachweis

S. 13, 16, 24, 32, 34, 36, 41, 47, 50, 57, 90, 101: Goethezeitportal (www.goethezeitportal.de); S. 22: Peter Mosimann; S. 43: © picture-alliance/AP Photo; S. 59: bpk – Bildagentur für Kunst, Kultur und Geschichte; S. 64, 66: akg-images GmbH; S. 71: Roland Zumbuehl; S. 77: Foto Wikimedia H.-P. Haack; S. 79: Foto: Judith Schlosser; S. 83: Friedrich Pecht; Johann Leonhard Raab; S. 94: Jean Renggli

Sollte trotz aller Bemühungen um korrekte Urheberangaben ein Irrtum unterlaufen sein, bitten wir darum, sich mit dem Verlag in Verbindung zu setzen, damit wir eventuell notwendige Korrekturen vornehmen können.

westermann GRUPPE

© 2013 Bildungshaus Schulbuchverlage
Westermann Schroedel Diesterweg Schöningh Winklers GmbH
Braunschweig, Paderborn, Darmstadt

www.schoeningh-schulbuch.de
Schöningh Verlag, Jühenplatz 1–3, 33098 Paderborn

Das Werk und seine Teile sind urheberrechtlich geschützt.
Jede Nutzung in anderen als den gesetzlich zugelassenen Fällen bedarf der vorherigen schriftlichen Einwilligung des Verlages.
Hinweis zu § 52a UrhG: Weder das Werk noch seine Teile dürfen ohne eine solche Einwilligung gescannt und in ein Netzwerk gestellt werden.
Dies gilt auch für Intranets von Schulen und sonstigen Bildungseinrichtungen.
Für Verweise (Links) auf Internet-Adressen gilt folgender Haftungshinweis:
Trotz sorgfältiger inhaltlicher Kontrolle wird die Haftung für die Inhalte der externen Seiten ausgeschlossen. Für den Inhalt dieser externen Seiten sind ausschließlich deren Betreiber verantwortlich. Sollten Sie daher auf kostenpflichtige, illegale oder anstößige Inhalte treffen, so bedauern wir dies ausdrücklich und bitten Sie, uns umgehend per E-Mail davon in Kenntnis zu setzen, damit beim Nachdruck der Verweis gelöscht wird.

Druck A[4] / Jahr 2017
Alle Drucke der Serie A sind im Unterricht parallel verwendbar.

Umschlaggestaltung: Nora Krull, Bielefeld
Umschlagbild: picture-alliance/AP Photo
Druck und Bindung: westermann druck GmbH, Braunschweig

ISBN 978-3-14-**022574**-8

Inhaltsverzeichnis

An die Leserin und den Leser

Liebe Leserin, lieber Leser,

im Kinofilm „James Bond 007: Skyfall" aus dem Jahr 2012 gibt es eine Szene, in der Bond vom Oberschurken Silva dazu gezwungen wird, ein Whiskeyglas vom Kopf seiner Geliebten zu schießen. Anders als einst Wilhelm Tell gelingt das dem britischen Superagenten nicht. Eine Filmszene, die nicht nur unterstreicht, was für ein unverschämt guter Schütze dieser Tell scheinbar war, sondern auch, dass die Schlüsselszene aus Friedrich Schillers Drama bis in die Gegenwart nachwirkt. Auch wenn die Legende vom „Apfelschuss" vermutlich noch deutlich älter ist, war es doch erst Schillers Drama „Wilhelm Tell", das sie weltberühmt gemacht hat.
Spuren hinterlassen hat Schillers Schauspiel auch in der Alltagssprache. „Der Starke ist am mächtigsten allein." (V. 437), „Früh übt sich, was ein Meister werden will." (V. 1481) und etliche weitere bis heute gebräuchliche Redewendungen stammen aus dem Theaterstück, das am 17. März 1804 in Weimar uraufgeführt wurde.
Außerdem hat Schillers Drama wesentlich dazu beigetragen, dass Wilhelm Tell in der Schweiz als Nationalheld gilt, obwohl es ihn wahrscheinlich nie gegeben hat – und mit Sicherheit nie so, wie Schiller ihn beschreibt. Man sollte auch nicht ganz vergessen, dass Schiller neben Goethe der bis heute wohl literaturgeschichtlich bedeutendste deutschsprachige Dichter ist – und „Wilhelm Tell" gehört zu seinen wichtigsten Werken. „Wilhelm Tell" ist außerdem das letzte Drama, das Schiller vor seinem Tod im Jahr 1805 fertigstellen konnte. Das Stück, das in der Epoche der Weimarer Klassik entstand, ist fraglos eines der berühmtesten Werke der Weltliteratur.

Und als wären das noch nicht genug gute Gründe, das Drama „Wilhelm Tell" auch nach über 200 Jahren noch zu lesen, hat Schillers Stück auch eine äußerst bewegte Rezeptions- und Wirkungsgeschichte hinter sich, was vor allem daran liegt, dass die Themen, die es aufgreift, zeitlos aktuell und brisant sind.
Schillers Schauspiel war von Anfang an umstritten. Zunächst eher aus formalen Gründen, unter anderem, weil es sich nicht an die Vorgaben des klassischen Regeldramas hielt, später vor allem inhaltlich. Schiller siedelte sein Drama zwar im Spätmittelalter an, aber dass es als Reaktion auf die Auswüchse der Französischen Revolution entstanden ist, war für Schillers Zeitgenossen offensichtlich. Schiller, ursprünglich ein begeisterter Anhänger der Französischen Revolution, verabscheute den blutigen Terror, in den diese mündete. Den Schweizer Volksaufstand entwarf er in seinem Drama entsprechend als positives, möglichst friedliches und unblutiges Gegenmodell zur Schreckensherrschaft der französischen Revolutionäre. Das bedeutete jedoch auch, dass Schiller, der in Deutschland bisweilen in den Status eines Nationaldichters erhoben wurde, eine Revolution unter gewissen Umständen für gerechtfertigt hielt. Zwar musste das Volk aus „Notwehr" und im Einklang mit dem „Naturrecht", also zur Verteidigung seiner unveräußerlichen Menschenrechte, insbesondere der Freiheit, handeln, was das aber genau bedeutete, blieb unklar.
Im Laufe der Geschichte beriefen sich die gegensätzlichsten Gruppierungen auf das Drama „Wilhelm Tell" und versuchten auf diese Weise, Schiller für sich und ihre Sache zu vereinnahmen: die 1848er-Revolutionäre, die sozialistische Arbeiterbewegung im frühen 20. Jahrhundert, die Nationalsozialisten, die DDR-Kommunisten, die 68er-Rebellen ...
Kein Wunder also, dass Schillers Stück immer wieder heftig kritisiert wurde und bis heute inhaltlich umstritten ist. Die Frage, ob es Umstände gibt, die einen Volksaufstand oder

einen Tyrannenmord und überhaupt Gewalt rechtfertigen, hat jedenfalls nichts von ihrer Aktualität und Brisanz verloren. Schillers Drama zu lesen heißt in diesem Zusammenhang freilich nicht, seine Antworten unhinterfragt und kritiklos zu übernehmen. Spannend wird die Lektüre von Schillers „Wilhelm Tell" vielmehr gerade dann, wenn man bereit ist, die zeitlosen moralischen Fragen, die das Drama aufwirft, vor dem heutigen politischen und kulturellen Hintergrund noch einmal neu zu erörtern und zu diskutieren.
Der vorliegende Band aus der Reihe „EinFach Deutsch ... verstehen" will Ihnen dieses literaturhistorisch und theatergeschichtlich bedeutsame Werk näherbringen. Er soll Ihnen die Erschließung des Personengefüges erleichtern und Zugänge zur Interpretation des Stückes aufzeigen. Darüber hinaus vermittelt er auf anschauliche Weise die biografischen, zeitgeschichtlichen und kunsttheoretischen Hintergründe des Werks. Zum Zweck der erfolgreichen Prüfungsvorbereitung können außerdem die Aufgabenform „Personencharakterisierung" sowie textanalytische Verfahren erarbeitet und die wesentlichen Aspekte des Stückes in übersichtlicher und einprägsamer Weise wiederholt werden.

Viel Freude beim Lesen, Verstehen und Diskutieren wünscht Ihnen

Stefan Volk

Der Inhalt im Überblick

Das Drama „Wilhelm Tell" spielt im Spätmittelalter, ungefähr zur Wende vom 13. zum 14. Jahrhundert, in den drei am Vierwaldstättersee gelegenen Schweizer Urkantonen Schwyz, Uri und Unterwalden. Es fasst Geschehnisse, die in Wirklichkeit über mehrere Jahre hinweg zur Gründung des Schweizer Staates geführt haben, in wenigen Tagen zusammen: Die Schweizer Bevölkerung erhebt sich gegen die vom Kaiser eingesetzte österreichische Fremdherrschaft. Neben tatsächlichen geschichtlichen Begebenheiten verarbeitet das Stück auch Legenden, die zu einem großen Teil erfunden sein dürften.

Der Titelheld Wilhelm Tell erweist sich gleich zu Beginn des Schauspiels als tatkräftig und unerschrocken. Trotz eines starken Gewitters rudert er mit einem Mann, der sich auf der Flucht vor österreichischen Soldaten befindet, über den See.

Obwohl er dabei großen Mut beweist, hält er sich aus der Politik zunächst heraus. Deshalb ist er auch nicht dabei, als Vertreter der drei genannten Landschaften auf dem „Rütli", einer Waldlichtung über dem Vierwaldstättersee, den „Rütlischwur" leisten. Die „Eidgenossen" verbünden sich darin zu einer Gemeinschaft, deren Ziel eine geeinte, unabhängige Schweiz ist. Sie planen einen revolutionären Aufstand, den sie aber auf Weihnachten verschieben wollen.

Die Ereignisse überschlagen sich jedoch, als Tell auf dem Altdorfer Marktplatz im Kanton Uri festgenommen wird. Der besonders tyrannische Reichsvogt Geßler hat dort einen Hut auf einer Stange aufstellen lassen und befohlen, jeder, der daran vorbeigehe, solle sich vor dem Hut verbeugen. Tell, der gemeinsam mit seinem Sohn Walter unterwegs ist, weigert sich jedoch, den Hut zu grüßen. Als die Soldaten, die den Hut bewachen, Tell daraufhin verhaften

wollen, kommt es zu einem Menschenauflauf. Nun erscheint auch Geßler mit seinem Gefolge. Aus Strafe für Tells Ungehorsam zwingt er diesen, mit der Armbrust einen Apfel vom Kopf seines Sohnes zu schießen. Tell gelingt das zwar, weil er aber einen zweiten Pfeil bereitgehalten hat, um Geßler zu töten, falls der erste Pfeil Walter getroffen hätte, lässt der Reichsvogt ihn erneut verhaften.
Tell aber kann fliehen, als das Schiff, das ihn zum Kerker bringen soll, auf dem See in einen Sturm gerät. In einem engen Durchgang bei Küßnacht, der „hohlen Gasse", lauert er dem Reichsvogt Geßler auf und erschießt ihn. Die Nachricht vom Tod des Tyrannen verbreitet sich schnell und löst, früher als geplant, den Schweizer Volksaufstand aus. Die Schlösser und Burgen der Besatzer werden gestürmt, die Vögte und ihre Soldaten verjagt.
Nur wenig später stirbt auch der Kaiser. Sein Neffe, Herzog Johann von Schwaben, hat ihn getötet, weil er um sein Erbteil fürchtete. Auf der Flucht sucht Johannes Parricida (Vatermörder), wie sich der Herzog jetzt nennt, bei Tell Unterschlupf. Parricida hofft bei Tell auf Verständnis, da beide ja einen Tyrannen getötet hätten. Tell aber will sich mit dem eigennützigen Mörder nicht auf eine Stufe stellen lassen und betont, aus Notwehr gehandelt zu haben. Er schickt Parricida fort und rät ihm, nach Rom zu pilgern, um beim Papst Vergebung zu erflehen.

Die Personenkonstellation

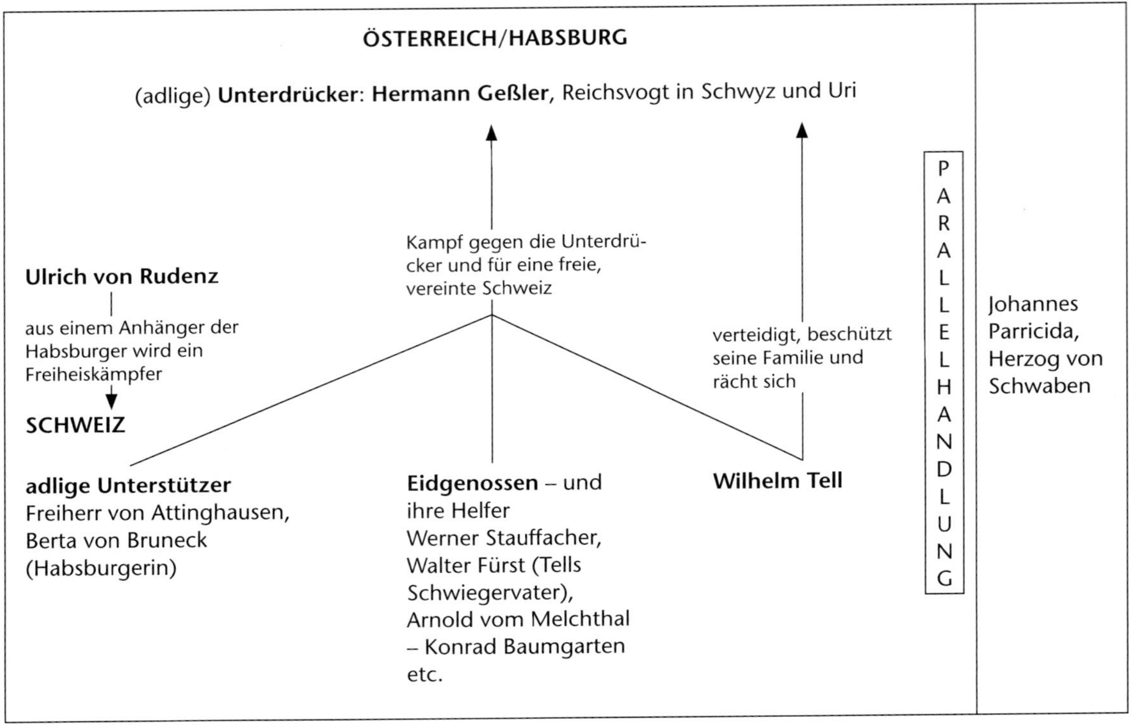

Inhalt, Aufbau und erste Deutungsansätze

Das Stück ist in fünf Aufzüge bzw. Akte unterteilt, die jeweils wieder in mehrere Szenen untergliedert sind. Der Aufbau des Dramas entspricht damit dem eines klassischen Dramas in fünf Akten.

Erster Aufzug/Erste Szene (S. 8–14): Tell rettet Baumgarten

Idyllische Schweiz

Der Handlungsort am Vierwaldstättersee wird in der Regieanweisung zu Beginn der 1. Szene als ein ländliches Idyll eingeführt. Die „*Hütte*" (S. 8, Z. 2)[1], der „*Fischerknabe*" (Z. 3) auf dem „*Kahn*" (Z. 3), die grünen Waldwiesen („*Matten*", Z. 4), die im „*hellen Sonnenschein liegen*" (Z. 5), der Klang der Alphörner („*Kuhreihen*", Z. 9) sowie das „*harmonische[!] Geläut*" (Z. 9 f.) der Kuhglocken vermitteln den Eindruck eines friedlichen Naturparadieses.

Erste Anzeichen einer Bedrohung

Bereits in der Regieanweisung gibt es jedoch erste Hinweise darauf, dass das Idyll bedroht ist. Die von „*Wolken*" umgebenen Bergspitzen und das „*Eisgebirge*" (Z. 8), das in der Ferne zu sehen ist, wirken vergleichsweise düster und unbehaglich.

Auch der Gesang des Fischerknaben, Hirten und Alpenjägers veranschaulicht, dass Friede und Harmonie vergänglich sind und sich hinter dem scheinbaren Idyll tödliche Gefahren verbergen. Der „Knabe" (V. 2) wird „am grünen Gestade" (V. 2) vom verführerisch schönen See (vgl. V. 1) in die „Tiefen" (V. 9) gelockt (vgl. V. 7–12). Der Sommer vergeht (vgl. Gesang des Hirten, V. 13–24). Und der Alpenjäger schließlich singt von donnernden „Höhen" (V. 25), zitternden Stegen und „schwindlichten" (V. 26)

[1] Die Zeilen- und Verszählung bezieht sich auf die im Literaturverzeichnis aufgeführte Textausgabe des Schöningh Verlags.

Wegen, vor denen dem Schützen „grauet“ (V. 26). Die jetzt düstere, winterliche Natur („Feldern von Eis“, V. 28; „neblichtes Meer“, V. 31) erscheint bedrohlich.
War in der anfänglichen Regieanweisung das „Eisgebirge“ nur *„im fernen Hintergrund“* zu sehen (S. 8, Z. 7f.), rückt es im Gesang des Alpenjägers nun in den Vordergrund, und das „grünende Feld“ (V. 36) ist nur noch von Weitem zu erblicken.

Natursymbolik des Kuhreihens:
Wechsel vom Idyll zur Gefahr

Natur	Fischerknabe	Hirte (Variation)	Alpenjäger (Zweite Variation)
Darstellung	paradiesisch, idyllisch, lockend, verführerisch	Abschied von den „sonnigen Weiden“ (V. 14) und vom Sommer	winterliche, unbehagliche und bedrohliche Berglandschaft
Bedeutung	Idyll mit verborgenen Gefahren, trügerische Harmonie	Vergänglichkeit, Veränderung, Umbruch, Wechsel (von der verborgenen zur offenen Gefahr)	Gefahr, Gewalt, zerstörtes Idyll

Natur symbolisiert Schweiz

Berücksichtigt man den weiteren Handlungsverlauf, lässt sich der Kuhreihen rückblickend folgendermaßen deuten: Der Fischerknabe beschreibt den Zustand in der Schweiz, bevor sie sich zu einem wehrhaften Staat zusammenschloss: idyllisch, frei, aber anfällig. Der Hirte schildert den Verlust der Freiheit. Und der Alpenjäger verweist auf die Fremdherrschaft: So wie der Winter über die Natur herrscht, herrschen die Österreicher bzw. die kaiserlichen Vögte über die Schweiz. Der jeweilige Naturzustand symbolisiert damit die sozialen und politischen Verhältnisse in der Schweiz.

Bedrohung rückt in den Vordergrund

Nachdem die drei Sänger des Kuhreihens bis dahin nur von einer Bedrohung gesungen haben, schlägt mit der folgenden Regieanweisung tatsächlich das Wetter um (vgl. S. 9, zwischen V. 36 und V. 37). Ein Gewitter zieht auf. Symbolisch nimmt dieser Wetterumschwung die Bedrohung vorweg, der die Schweizer Bevölkerung ausgesetzt ist. Beispielhaft dafür steht das Schicksal Konrad Baumgartens, der vor den österreichischen Soldaten flieht, da er einen kaiserlichen Verwalter (Burgvogt) erschlagen hat, der seine Frau vergewaltigen wollte. Baumgarten fürchtet um sein Leben und fleht den Fischer Ruodi an, ihn ans andere Ufer zu bringen. Ruodi aber traut sich angesichts des Unwetters nicht auf den stürmischen See.

Baumgarten fleht um Hilfe – historische Postkarte

Tells selbstlose Hilfsbereitschaft

Auch Tell, der zufällig vorbeikommt, bringt Ruodi nicht dazu, sich mit Baumgarten aufs Wasser zu wagen. Ruodi zögert aus Angst um sein eigenes Leben. Während Ruodi Chancen und Gefahren abwägt, handelt Tell, ohne lange zu überlegen: „Mit eitler Rede wird hier nichts geschafft,/ Die Stunde dringt, dem Mann muss Hilfe werden." (V. 148f.) Anstatt des Fischers rudert er selbst den Kahn. Obwohl er sich der Gefahren durchaus bewusst ist, setzt er sein eigenes Leben aufs Spiel, um einem Fremden zu helfen: „Der brave Mann denkt an sich selbst zuletzt,/Vertrau auf Gott und rette den Bedrängten." (V. 139f.) Gottvertrauen und Selbstlosigkeit prägen sein Handeln. Ruodi und Tell verkörpern an dieser Stelle zwei grundlegende Gegensätze. Der zaudernde Fischer sucht nach Ausflüchten und Entschuldigungen, um sein egoistisches Nichthandeln zu rechtfertigen. Tell dagegen erweist sich als zupackender Tatmensch, der keine Gefahren scheut, wenn es darum geht, ein Menschenleben zu retten. Sein edler Charakter lässt ihm gar keine andere Wahl: „Ich hab getan, was ich nicht lassen konnte." (V. 160)

Willkürliche Strafe

Gerade noch rechtzeitig, bevor die Reiter des Landvogts angesprengt kommen, gelingt Tell und Baumgarten die Flucht. Der Hirte Kuoni, der Hirtenknabe Seppi und der Fischer Ruodi sind derweil dem Zorn der Soldaten ausgeliefert. Diese brennen die Fischerhütte nieder und töten Kuonis Tiere. Das alles geschieht willkürlich, ohne Gerichtsverhandlung, ohne Urteil. Die Herrschaft der österreichisch-kaiserlichen Landvögte erweist sich damit als Willkürherrschaft bzw. Tyrannei. Die einst idyllische Schweiz darbt am Ende der 1. Szene unter dem Joch einer fremden Schreckensherrschaft: „Wann wird der Retter kommen diesem Lande?" (V. 184)

Blankverse als Stilmittel der Weimarer Klassik

Das Drama „Wilhelm Tell" ist ein Werk der Weimarer Klassik (vgl. „Hintergründe": „Schillers Lebensstationen", S. 59ff.). Anspruch der „Klassiker" war es, große Ideen und hohe moralische Werte in einer gehobenen Sprache darzustellen. Schiller greift im Drama „Wilhelm Tell" hierfür auf den „Blankvers" zurück. Beim Blankvers handelt es sich um einen reimlosen Vers mit einem festen Versmaß, und zwar einem „jambischen Fünfheber". Beim Jambus folgt auf eine unbetonte Silbe (X) eine betonte Silbe (X´). Der jambische Fünfheber besteht demnach aus einer Jambusfolge mit insgesamt fünf betonten Silben.

Blankvers – Vers 53, Seite 10

Wie	schön	der	Kuh	das	Band	zu	Hal	se	steht.
X	X´	X	X´	X	X´	X	X´	X	X´

Der Blankvers bildet im Drama zwar die Grundform des Stückes, er wird jedoch nicht immer streng durchgehalten. Bisweilen werden auch zusätzliche unbetonte Silben eingefügt. Außerdem weichen die Gedichte oder Lieder, die innerhalb des Stückes wiedergegeben werden, von dem Versmaß ab. Dies unterstreicht den eigenständigen, oftmals volkstümlichen Charakter dieser Werke. Bei Liedern orientiert sich der Sprachrhythmus zudem an der jeweiligen Melodie bzw. Singtradition. So besteht beispielsweise der Kuhreihen zu Beginn des Stückes nicht aus Blankversen.

Erster Aufzug/Zweite Szene (S. 14–20): Gertrud rät zum Widerstand

Keine Einheit des Ortes

Anders als das klassische Regeldrama löst sich Schillers Stück von den drei Einheiten: Einheit des Ortes (nur ein Handlungsort), Einheit der Zeit (ein Tag), Einheit der Handlung (nur ein durchgehender Geschehensstrang). So geht der Übergang von der 1. zur 2. Szene mit einem Ortswechsel einher. Die Szene beginnt in Steinen im Kanton Schwyz, am anderen Ufer des Vierwaldstättersees.

Pfeiffer rät zur Geduld

Werner Stauffacher unterhält sich vor seinem Haus mit Pfeiffer von Luzern. Pfeiffer rät Stauffacher, sich nicht freiwillig der Herrschaft der Österreicher (bzw. des Hauses Habsburg) zu unterwerfen und die vom Kaiser garantierten Freiheitsrechte nicht abzugeben. Vielmehr solle er die kaiserlichen Vögte mit Geduld ertragen und auf einen neuen Kaiser hoffen.

Dass Pfeiffer aus Luzern stammt, ist in diesem Zusammenhang vermutlich kein Zufall. 1291 nämlich hatte der deutsche König Rudolf I. von Habsburg die Herrschaftsrechte über Luzern erworben. Vor diesem historischen Hintergrund kann Pfeiffers Rat auch so gedeutet werden, dass er

Gertrud Stauffacher steht ihrem Mann zur Seite – historische Postkarte

Stauffacher und Schwyz aus eigener Erfahrung davon abrät, dem Beispiel Luzerns zu folgen.

Stauffacher droht Gefahr von Geßler

Nachdem Pfeiffer gegangen ist, unterhält sich Stauffacher mit seiner Frau Gertrud, die spürt, dass ihren Mann etwas bedrückt. Er erzählt ihr von einer Begegnung mit Geßler, einem den Kaiser (bzw. König) unterstellten Reichsvogt, der sich beim Anblick des prächtigen Stauffacher-Hauses geärgert habe (vgl. V. 225–234). Gertrud versteht, dass Stauffacher deshalb den „Groll" (V. 259) Geßlers fürchtet, da dieser als Ritter ohne eigenen Landbesitz offenbar „neidisch" (V. 260) auf ihn sei.

Aufruf zur Tat

Statt zum geduldigen Abwarten rät sie ihm deshalb, zu handeln: „Der kluge Mann baut vor." (V. 274) Ähnlich wie in der 1. Szene in der Begegnung zwischen Ruodi und Tell werden hier Passivität (Pfeiffers Rat) und aktives Handeln (Gertruds Rat) einander gegenübergestellt. Abermals erscheint die aktive Tat als bessere, edlere Wahl.

Gertrud rät zum vereinten Widerstand

Gertrud rät ihrem Mann, sich mit gleichgesinnten Schweizern zusammenzutun und den Widerstand gegen die Unterdrücker zu organisieren (vgl. V. 286–289). Den Einwand ihres Mannes, dass „ein schwaches Volk der Hirten" (V. 304) den fremden Soldaten nichts entgegenzusetzen habe, lässt sie nicht gelten: „Ihr seid auch Männer, wisset eure Axt/Zu führen, und dem Mutigen hilft Gott!" (V. 312f.) Auch dieser Dialog erinnert an das Gespräch zwischen dem zögernden Ruodi und dem zur Tat schreitenden Tell in der 1. Szene. Wie jetzt Gertrud hatte zuvor Tell allen Bedenken das Vertrauen auf Gott entgegengesetzt (vgl. V. 140).

Krieg für eine gerechte Sache?

Auch dass Stauffacher fürchtet, ein Volksaufstand könne zu Gewalt, Krieg und unschuldigen Opfern führen, überzeugt Gertrud nicht. Der Kampf gegen Ungerechtigkeit ist für sie wichtiger als alles andere – wichtiger als ihr Hab und Gut und wichtiger sogar als das eigene Leben (vgl. V. 316–329). Selbst den Tod unschuldiger Kinder nimmt sie in Kauf, weil sie auf eine himmlische Gerechtigkeit vertraut (vgl. V. 324).

Damit bewertet sie ein geistiges Ideal (Gerechtigkeit) höher als materielle Werte (Leib und Leben). Dahinter verbirgt sich die Überzeugung, dass es Ideale gibt, für die es sich lohnt, zu sterben und auch zu töten. Vor dem historischen Hintergrund der Französischen Revolution lässt sich ihre Argumentationsweise als Rechtfertigung einer gerechten Revolution interpretieren. Die grundsätzliche Frage, ob es eine solche gerechte Revolution oder auch einen gerechten, vielleicht sogar Heiligen Krieg geben kann, ist bis heute aktuell und umstritten.

Stauffacher schreitet zur Tat

Die Szene endet damit, dass Stauffacher dem Rat seiner Frau folgt. Er bricht nach Uri auf, um sich dort mit Walter Fürst zu beraten und gemeinsam mit ihm und dem Freiherr von Attinghausen den Widerstand gegen die Fremdherrschaft zu organisieren (vgl. V. 333–340). Als er aus dem Haus tritt, begegnet er Tell und Baumgarten, denen offenbar die Flucht über den See geglückt ist. Tell rät Baumgarten, bei Stauffacher, einem „Vater der Bedrängten" (V. 351), Unterschlupf zu suchen.

Erster Aufzug/Dritte Szene (S. 20–23): Geßlers Hut

Schweizer bauen sich ihr eigenes Gefängnis

In Altdorf im späteren Kanton Uri lässt der Reichsvogt Hermann Geßler eine Zwingburg errichten, von der aus er über die umliegende Gegend herrschen will. Die Schweizer Handwerker werden zur Arbeit an der Burg gezwungen, zu der auch eine Kerkeranlage gehört. Sie müssen sich also praktisch ihr eigenes Gefängnis errichten bzw. aktiv an ihrer eigenen Unterdrückung mitwirken (vgl. V. 359f.).

Der Hut als Herrschaftssymbol

Stauffacher und Tell, die gemeinsam in der Nähe der Burg erscheinen, reagieren unterschiedlich auf den Anblick der Bauarbeiten. Während Stauffacher entsetzt ist (vgl. V. 379), bleibt Tell relativ gelassen (vgl. V. 387f.). Die Burg schüchtert ihn nicht ein, trotzdem möchte er rasch weiterziehen, um möglichen Schwierigkeiten aus dem Weg zu gehen (vgl. V. 380). Doch da verkündet ein Ausrufer, dass auf dem

Platz in Altdorf ein Hut auf einer Stange aufgestellt werde, dem jeder, der daran vorbeikomme, mit „gebogenem Knie und mit/Entblößtem Haupt" (V. 397f.) seine Ehrerbietung erweisen solle. Der Hut repräsentiert den Herzog so wie eine Krone den König. Der Hut auf der Stange steht damit stellvertretend für den Herzog von Österreich bzw. dessen Verwalter, den Reichsvogt Geßler. Der Hut symbolisiert also die Herrschaft der Österreicher bzw. Habsburger über die Schweiz. Das Verbeugen vor dem „Hut von Österreich" (V. 408) bzw. das Grüßen des Hutes wird dadurch zu einer symbolischen Geste der Unterwerfung (vgl. V. 410f.).

Tell ist kein politischer Führer

Auch auf diesen symbolischen Akt der Unterdrückung reagieren Stauffacher und Tell unterschiedlich (vgl. V. 414–445). Während Stauffacher am liebsten sofort Pläne für eine Revolution schmieden möchte, wiegelt Tell ab. Er mahnt zur Geduld und Zurückhaltung und dazu, das Ende der Herrschaft des Herzogs friedlich abzuwarten. Während Stauffacher zum gemeinsamen Widerstand aufruft, möchte sich Tell lieber allein durchschlagen (vgl. V. 437). Doch auch wenn Tell sich aus der Politik heraushält und keinen Umsturz vorbereiten möchte, versichert er Stauffacher, dass er nicht fernbleiben würde, wenn es zur nationalen Revolution käme.

Abstrakte Politik und konkrete Tat

Als Mann der Tat ist Tell bereit, seinen Landsleuten zu helfen, wenn er gebraucht wird (vgl. V. 444f.). Die abwägende Politik der Worte aber überlässt er anderen (vgl. V. 442f.). Während Tell seine Sätze im Indikativ formuliert und sich Gedanken um den Ist-Zustand der Gegenwart macht (vgl. V. 416, V. 420), überlegt Stauffacher im Konjunktiv, wie die Zukunft gestaltet werden könnte (vgl. V. 419, V. 432). Stauffacher und Tell gehen *„zu verschiedenen Seiten"* (S. 23, Regieanweisung nach V. 445) ab. Symbolisch verdeutlicht das noch einmal die verschiedenen Vorgehensweisen, die sie verkörpern: einerseits die abstrakte Politik (Stauffacher), andererseits die konkrete („bestimmte[..]", V. 444) Tat.

Der Tatmensch Tell und die Politik

Politiker (Stauffacher)	**Tatmensch (Tell)**
• plant die Zukunft; überlegt (im Konjunktiv), was sein könnte (vgl. V. 419, V. 432)	• sorgt sich um Gegenwart, um das, was (im Indikativ) jetzt ist (vgl. V. 416, V. 420)
• interessiert sich für die Gemeinschaft (vgl. V. 432, V. 434, V. 436), das „Vaterland" (V. 438)	• kümmert sich um den Einzelnen (vgl. V. 435, V. 437, V. 440f.), die Familie (vgl. V. 416)
• abstrakte Worte, Ideen, Pläne (vgl. V. 417, V. 419)	• konkrete Taten, Handlungen (vgl. V. 440ff.)

gemeinsames Handeln, wenn Politik in die Tat umgesetzt wird (vgl. V. 444f.)

Berta von Bruneck sympathisiert mit den Unterdrückten

Nach dem Abgang der beiden stürzt ein Schieferdecker vom Dach. Beispielhaft zeigt sich daran die Rücksichtslosigkeit, mit der die Habsburger die Schweizer unterdrücken. Die Habsburgerin Berta von Bruneck wird mit ihrem Gefolge zufällig Zeugin des Unglücks. Spontan bietet die Adlige ihr Gold an, um zu helfen. Eine Geste, die deutlich macht, dass Berta mit dem Schweizer Volk sympathisiert. Ein Schweizer Handwerksmeister, der in ihr nur eine österreichische Unterdrückerin sieht, weist sie jedoch ab. Als Habsburgerin, die sich den Schweizern verbunden fühlt, sitzt sie gleichsam zwischen den Stühlen. Anschließend erfährt sie, dass der Schieferdecker den Absturz nicht überlebt hat. Der Bau der Zwingburg erscheint dadurch als ein mörderisches Unrecht.

Erster Aufzug/Vierte Szene (S. 24–32): Die drei Eidgenossen

Grausame Gewaltherrschaft

Die Szene beginnt in der Wohnung von Tells Schwiegervater (vgl. S. 24, Regieanweisung) Walter Fürst, zu dem Stauffacher unterwegs ist. Fürst hält den jungen Arnold vom Melchthal versteckt. Melchthal ist auf der Flucht, weil er einem Knecht des Vogts den Finger gebrochen hat, als dieser ihm zur Strafe für ein geringfügiges Vergehen einen Ochsen ausspannen wollte. Als es an der Tür klopft, versteckt sich Melchthal. Fürst und Stauffacher begrüßen sich freundschaftlich. Stauffacher klagt über die Gewaltherrschaft der Österreicher. Er schildert zunächst den Vorfall mit Baumgarten (vgl. V. 544–555), danach berichtet er von Melchthals altem Vater, dem der Vogt Landenberg (vgl. V. 2903 ff.) anstelle des flüchtigen Sohnes die Augen ausstechen ließ. Als der junge Melchthal das hört, stürzt er aufgebracht aus seinem Versteck. Mit einem kurzen *„Zeichen"* (S. 27, nach V. 579) gibt Fürst seinem Gast zu verstehen, dass es sich bei dem jungen Mann um den gesuchten Sohn Melchthals handelt. Stauffacher fährt daraufhin mit seinem Bericht fort: Der Alte wurde nicht nur geblendet, sondern seines gesamten Hab und Guts beraubt (vgl. V. 602–606).

Die „alten Bünde" werden erneuert

Melchthal, außer sich vor Trauer und Wut, will los, um seinen Vater zu rächen und den Landvogt zu töten, aber Walter Fürst hält ihn zurück. Einer allein, so seine Botschaft, vermag nichts gegen den Vogt auszurichten (vgl. V. 623–625). Gemeinsam könnten die drei Lande Uri, Unterwalden und Schwyz jedoch etwas bewirken (vgl. V. 654–657). Stauffacher verspricht, dass man dabei auf die Schwyzer zählen könne. In diesem Zusammenhang erwähnt er die „alten Bünde", ohne näher darauf einzugehen, was damit gemeint sein könnte.

In Schillers Zeit bezog sich die Rede von den „alten Bünden" auf das Bündnis der Eidgenossenschaft, das Schiller in seinem Stück darstellt. Noch 1798, unmittelbar bevor die

Truppen Napoleons die Schweiz besetzten und sechs Jahre vor der Veröffentlichung von Schillers Stück, wurden im Schweizerischen Aarau unter freiem Himmel vergeblich die „alten Bünde" beschworen.

„Die drei Eidgenossen" – Statue von James Vibert (1872 – 1942) in der Kuppelhalle des Schweizer Bundeshauses in Bern

In Schillers Stück bleibt Melchthals flammender Aufruf zum Widerstand (vgl. V. 639–681) nicht ohne Wirkung. Fürst, Stauffacher und Melchthal beschließen gemeinsam, Gleichgesinnte aus Uri (Fürst), Schwyz (Stauffacher) und Unterwalden (hier soll Melchthal „Freunde werben", V. 705) auf dem Rütli, einer Wiese in einer Waldlichtung an der Grenze der Landschaften Uri und Unterwalden, zu versammeln.

Die drei Eidgenossen schließen ein Bündnis auf Tod und Leben

Gegen Ende der Szene reichen sich Walter Fürst, Werner Stauffacher und Arnold vom Melchthal die Hände und legen einen Schwur ab: „So wollen wir drei Länder auch, zu Schutz/Und Trutz, zusammenstehen auf Tod und Leben." (V. 741 f.) Mit diesem Eid begründen die drei Eidgenossen des Schweizer Nationalmythos[1] die Schweizer Eidgenossenschaft.

Zweiter Aufzug/Erste Szene (S. 33–39): Rudenz' Abkehr von Attinghausen

Während im 1. Aufzug bzw. Akt freie Bauern im Mittelpunkt des Geschehens stehen, wechselt der Schauplatz in der 1. Szene des 2. Aufzugs zum Hof eines Schweizer Adligen, des Freiherrn von Attinghausen.

Äußere Erscheinung symbolisiert innere Haltung

In der Regieanweisung wird dieser als sehr alt („*ein Greis von fünfundachtzig Jahren*", S. 33, Z. 3) und „*von hoher[,] edler Statur*" (Z. 4) beschrieben. Diese äußerliche Darstellung charakterisiert zugleich sein Wesen und seine innere Haltung. Das hohe Lebensalter steht symbolisch für die alte Zeit und die traditionellen Werte, die er vertritt. Und der hohen, edlen Statur entspricht eine aufrechte, edle Gesinnung.

Konflikt zwischen Tradition und Moderne

Der Freiherr von Attinghausen repräsentiert das Idealbild eines Adligen. Nach altem Brauch trinkt er mit seinen Knechten aus einem Becher. In väterlicher Fürsorge und demütiger

[1] Mythos = überlieferte, sagenhafte Erzählung, die sich geschichtlich nicht oder nur unzureichend belegen lässt; Schweizer Nationalmythos: überlieferte Erzählungen über die angeblichen Vorgänge, die zur Gründung der Schweiz führten

Bescheidenheit behandelt und betrachtet er sie wie seine „Kinder" (V. 766). Im Gegensatz dazu nimmt der Neffe des Freiherrn, Ulrich von Rudenz, nur widerwillig (vgl. S. 33, Regieanweisung nach V. 764) an dem gemeinsamen Umtrunk

Rudenz wendet sich von seinem Onkel ab – historische Postkarte

teil. Er möchte sich nicht auf eine Stufe mit den Knechten begeben (vgl. V. 814–818). Rudenz verkörpert die „Jugend" (V. 771), die es auf der Suche nach Ruhm und Abenteuern (vgl. V. 829ff.) in die Ferne zieht. Die Heimat ist ihm, wie Attinghausen bedauernd feststellt, zur Fremde geworden (vgl. V. 776f.), Rudenz fühlt sich als „Fremdling" (V. 775). Derart entfremdet, unruhig und ungeduldig (vgl. V. 770ff.), erscheint er als ein typisches Kind der neuen, schnellen Zeit. Hinter dem Streit zwischen Attinghausen und Rudenz verbirgt sich mehr als bloß ein Generationenkonflikt. Zwei grundlegend verschiedene Weltsichten prallen hier aufeinander: Tradition und Moderne. Schiller thematisiert damit einen tief greifenden gesellschaftlichen Umbruch, der weniger für die Zeit, in der das Stück spielt, charakteristisch ist als für die Zeit, in der es entstand (vgl. „Hintergründe", S. 59ff.).

Gegensatz von wahren und „eitlen" Werten

Die Widersprüche zwischen der alten und der neuen Zeit äußern sich im Streitgespräch zwischen Attinghausen und seinem Neffen als ein Konflikt zwischen wahren, inneren Werten wie „Heimat" (V. 776), Freiheit (vgl. V. 853–856, V. 915f.) oder die „uralt fromme[..] Sitte" (V. 840) und einer verführerischen (vgl. V. 820) Scheinwelt, in der nur oberflächliche, äußerliche, „eitle" Werte (vgl. V. 838, V. 914) wie Reichtum, Ruhm (vgl. V. 830ff.) und Schönheit zählen.

Unterschiedliche politische Ziele

Die widersprüchlichen Wertvorstellungen von Attinghausen und Rudenz schlagen sich im Laufe ihrer Unterhaltung in entsprechend unterschiedlichen politischen Auffassungen und Zielen nieder. Während Attinghausen zum Widerstand gegen die Österreicher aufruft und auf die Stärke des freien Schweizer Volkes vertraut (vgl. V. 911ff.), sieht Rudenz das „Volk der Hirten" (V. 908) Österreich hilflos ausgeliefert (vgl. V. 868–879). Er rät den Schweizern, sich anzupassen und freiwillig Österreich anzuschließen. Unter der Herrschaft der Habsburger erhofft er sich selbst Ruhm, Ehre und Macht und nicht länger als „Baurenadel" (V. 824) geschmäht zu werden.

Der alte Attinghausen und sein junger Neffe

Attinghausen	**Rudenz**
verkörpert: • Alter und Weisheit • Bescheidenheit • Fürsorglichkeit • wahre, innere Werte • natürliche Sittlichkeit • Tradition	verkörpert: • ungestüme Jugend • Ruhmsucht • Eigennutz • oberflächliche Werte • widernatürliche Gewalt • Moderne
setzt sich ein für: • Heimat, Vaterland • freie Schweiz	setzt sich ein für: • persönliche Anerkennung • Herrschaft der Habsburger
betrachtet Schweizer als: • wehrhaft und edel	betrachtet Schweizer als: • schwach und unkultiviert: ein „Volk der Hirten" (V. 908)
rät zu: • Widerstand	rät zu: • Anpassung, Anschluss

Rudenz handelt aus Liebe zu Berta von Bruneck

Gegen Ende der Szene entlarvt Attinghausen jedoch den eigentlichen, entscheidenden Grund dafür, dass Rudenz sich von seiner Heimat abwendet: Er ist in die österreichische Adlige Berta von Bruneck verliebt (vgl. V. 931–938). Indem er sich auf die Seite der Habsburger schlägt, will er deren Gunst gewinnen. Attinghausen aber glaubt, dass die Österreicher das Ritterfräulein nur als Lockmittel einsetzen, um so zu erreichen, dass Rudenz sich ihnen unterwirft.

Die alte Zeit geht zu Ende

Rudenz geht, ohne dass er und sein Onkel sich einander angenähert hätten. Der alte Attinghausen bleibt allein zurück. Er weiß, dass er nicht nur der Letzte seines Familienzweiges ist (vgl. V. 860), sondern auch einer der letzten Vertreter der guten alten Zeit: „Unter der Erde schon liegt meine Zeit" (V. 956). Schiller sympathisiert zwar mit ihm und seinen Vorstellungen und lässt Rudenz' Denkweise als Irrglaube erscheinen. Zugleich aber zeigt er, dass Attinghausen und seine Lebensführung endgültig der Vergangenheit angehören.

Harmonische Entwicklung statt radikalem Umbruch

Das Zukunftsideal, das Schiller in seinem Stück entwirft, ist daher, wie sich noch genauer zeigen wird, weder rückwärtsgewandt noch rein konservativ-bewahrend. Vielmehr ruft Schiller im Drama „Wilhelm Tell" indirekt dazu auf, an Traditionen anzuknüpfen, um sie weiterzuentwickeln. In Anbetracht des zeitgeschichtlichen Hintergrunds, vor dem Schillers Drama entstanden ist, erscheint diese harmonisch-fortschrittliche Entwicklung als eine Alternative zu den radikalen Umbrüchen, beispielsweise der Französischen Revolution.

Zweiter Aufzug/Zweite Szene (S. 39–55): Der Rütlischwur

Eine schicksalhafte Nacht

Wie vereinbart treffen sich in dieser Szene die Vertreter der drei Landschaften Schwyz, Uri und Unterwalden auf dem Rütli, um das weitere Vorgehen gegen die österreichische Gewaltherrschaft zu besprechen. Dass dies eine besondere Nacht ist, lässt sich bereits an dem *„Mondregenbogen"* (S. 39, Regieanweisung) erkennen, der über dem See erscheint. Dieses ohnehin seltene Naturereignis wird dadurch noch gesteigert, dass es sich um einen doppelten Regenbogen handelt (vgl. V. 979).

Die außergewöhnliche Naturerscheinung verdeutlicht symbolisch, dass in dieser Nacht auch bei der Versammlung auf dem Rütli etwas ganz Besonderes geschieht. Dadurch, dass sich Natur und Menschen hier entsprechen, erhalten die Beschlüsse der Versammlung eine zusätzliche natürliche Berechtigung. Sie stehen im Einklang mit der Natur und dem „Naturrecht", den natürlichen, angeborenen Grundrechten eines jeden Menschen. Anders ausgedrückt: Sie verhelfen der (menschlichen) Natur zu ihrem Recht. Dass sich die Schweizer Staatengründer in dieser

Nacht versammeln, ist demnach kein Zufall, sondern ihre natürliche, schicksalhafte Bestimmung.

Eidgenossen handeln nicht aus Rache, sondern aus Notwehr

Zu Beginn der Versammlung berichtet Melchthal, wie er als Bote in Unterwalden überall auf Unterstützung für die Pläne der Eidgenossen gestoßen ist: „Euch schwuren sie bis in den Tod zu folgen." (V. 1030) Auch seinen Vater hat er gefunden. Als er sich erinnert, wie er aus dem jammervollen Anblick des Blinden ein „glühend Rachgefühl" (V. 990) sog, weist Stauffacher ihn zurecht: „Sprecht nicht von Rache. Nicht Geschehnes rächen,/Gedrohtem Übel wollen wir begegnen." (V. 992 f.) Die Eidgenossen handeln nicht aus Rache, sondern aus Selbstschutz und Notwehr, nicht überstürzt und emotional, sondern wohlüberlegt. Damit entsprechen sie dem Vernunftgebot aufklärerischen Denkens: Nicht Glaube, Aberglaube oder Emotionen sollen das Handeln des Menschen bestimmen, sondern nüchtern und sachlich abgewogene, rationale Argumente und vernünftige Schlussfolgerungen (auf der Basis des Naturrechts). Besonders deutlich wird dies, als Melchthal erzählt, dass er beim Auskundschaften der Burgen dem Landvogt begegnet ist. Obwohl er die Möglichkeit dazu gehabt hätte, hat er den Mörder seines Vaters nicht erschlagen (vgl. V. 1065). Stattdessen hat er sein persönliches Rachebedürfnis bezwungen, um den Erfolg der gemeinsamen Sache nicht zu gefährden.

Aufstand: kein Bruch mit der Tradition

Ähnlich wie Melchthal ordnen auch die anderen Anwesenden (Tell befindet sich nicht darunter; vgl. V. 1097) ihre persönlichen Interessen dem gemeinsamen Kampf unter (vgl. V. 1086–1090). Nach kurzer Beratung wird der Schwyzer Altlandammann zum gemeinsamen Ammann gewählt (vgl. V. 1145 ff.), also zum gemeinsamen Verwaltungsoberhaupt. Stauffacher betont anschließend, dass man sich nicht versammelt habe, um ein neues Bündnis zu schließen, sondern um ein altes Bündnis zu erneuern (vgl. V. 1155 ff.). Abermals betont Schiller an dieser Stelle, dass der Aufstand der Schweizer keinen Bruch mit der Tradition darstellte, sondern an diese anknüpfte. Stauffacher erinnert in diesem Zusammenhang an die Ahnen der Schweizer, die einst das raue Bergland besiedelt haben.

Schweizer als natürliche Volksgemeinschaft

Außerdem hebt er hervor, dass das Schweizer Volk in natürlicher Weise untereinander verbunden sei (vgl. V. 1199ff.). Diese auf die Formel „wir sind eines Herzens, eines Bluts!" (V. 1203) gebrachte Vorstellung einer natürlichen, einheitlichen Volksgemeinschaft war seit der Epoche der Aufklärung im 18. Jahrhundert weitverbreitet. Schiller dient sie hier dazu, die Versammlung und die Schweizer Eidgenossenschaft erneut als natürlich darzustellen und damit naturrechtlich zu rechtfertigen. Aus heutiger und historischer Sicht erscheint dieser Volksgedanke jedoch nicht nur unwissenschaftlich, sondern auch äußerst problematisch. Die Idee in sich geschlossener Volksgruppen, die nicht nur durch eine gemeinsame Herkunft („Blut"), sondern auch durch gemeinsame Wesenszüge und Ideale („Herz") gekennzeichnet sind, lag auch dem völkischen und rassistischen Gedankengut zugrunde, aus dem heraus sich später die nationalsozialistische Blut-und-Boden-Ideologie entwickelt hat.

Recht auf Widerstand als Teil des unveräußerlichen Naturrechts

Stauffacher führt weiter aus, dass die Schweizer sich freiwillig unter den Schutz des Kaisers gestellt hätten, ohne dabei auf ihre Freiheitsrechte zu verzichten (vgl. V. 1213ff.). Und schon in der Vergangenheit hätten sie sich gegen den Kaiser gewendet, wenn er ihnen diese Rechte verweigern wollte (vgl. V. 1244–1255). Deshalb sollten sie sich auch jetzt gegen die Unterdrückung durch die österreichischen Vogte wehren (vgl. V. 1256–1259 und V. 1272–1275). Stauffacher begründet seinen Aufruf zum Widerstand gegen die „Tyrannenmacht" (V. 1275) auf doppelte Weise. Erstens mit der Vergangenheit und Tradition: Die Schweizer haben sich ihr Land durch harte Arbeit angeeignet (vgl. V. 1260–1269) und durch „tausendjährigen Besitz" (V. 1270) auch für die Zukunft ein Recht darauf erworben.

Zweitens verweist Stauffacher ausdrücklich auf das Naturrecht („seine ew'gen Rechte“, V. 1279; vgl. V. 1277–1283), das er als „unveräußerlich“ bezeichnet. Das heißt: Dieses ewige, natürliche Recht gilt immer und kann auch nicht durch staatliche Gesetze außer Kraft gesetzt bzw. auf jemand anderen übertragen („veräußert“) werden. Man kann dieses Recht also nicht abgeben oder verlieren, es ist „unveräußerlich“. Zu diesem Naturrecht zählt Stauffacher auch das Widerstandsrecht gegen einen Tyrannen (vgl. V. 1284–1288).

Volksaufstand als letztes Mittel

Dieses Recht auf Widerstand ist das zentrale Thema des Dramas. Es ist zwar „unveräußerlich“, darf nach Schillers Überzeugung, die hier durch Stauffacher zum Ausdruck gebracht wird, aber erst als „letzte[s] Mittel“ (V. 1284) ausgeübt werden. Es ist gleichbedeutend mit einem Recht zur Notwehr, dient also dazu, sich selbst, seine Familie und sein Land (vgl. V. 1286–1288) zu „verteid'gen“ (V. 1286). Um zu verdeutlichen, dass der Schweizer Volksaufstand diesen Ansprüchen genügt, Widerstand hier also tatsächlich das letzte Mittel ist, lässt Schiller die Anwesenden im Folgenden mögliche Alternativen diskutieren, die letztlich jedoch alle verworfen werden. Pfarrer Rösselmann etwa schlägt vor, sich freiwillig Österreich unterzuordnen. Für die Versammelten bedeutet das jedoch nichts anderes, als sich freiwillig zu Sklaven zu machen, weshalb sie den Vorschlag empört zurückweisen (vgl. V. 1290–1310). Auch „alle sanften Mittel“ (V. 1315) wurden bereits vergeblich versucht. So berichtet der Bote Konrad Huhn davon, wie er vom Kaiser vertröstet wurde, als er sich die Schweizer Freiheitsbriefe habe bestätigen lassen wollen (vgl. V. 1325–1335).

Vorbildlicher Freiheitskampf im Gegensatz zur Französischen Revolution

Nachdem die Versammelten zur Überzeugung gelangt sind, dass ihnen „[n]ichts andres“ (V. 1351) übrig bleibt, als sich gegen ihre Unterdrücker zu erheben, planen sie die weitere Vorgehensweise. Sie wollen nicht etwa die bestehende Rechts- und Herrschaftsordnung außer Kraft setzen (vgl. V. 1354–1358), sondern lediglich die Unterdrücker, die österreichischen Vögte und ihre Handlanger, vertreiben (vgl. V. 1353, V. 1367f.). Und das möglichst ohne Blutvergießen (vgl. V. 1369). Es geht ihnen also nicht um einen grundlegenden, radikalen gesellschaftlichen Umsturz, sondern lediglich um die Befreiung von einem äußeren Zwang. Hierin unterscheidet sich der Idealfall eines Volksaufstandes, den Schiller als Vorbild entwirft, auffällig von der blutigen und „ungezügelt" (V. 1356) alles umwälzenden Französischen Revolution, unter deren Eindruck das Stück entstanden ist.

Aufstand wird auf Weihnachten verschoben

Der Zeitpunkt des Aufstands wird schließlich auf Weihnachten verschoben, da man dann unter dem Vorwand, dem Vogt Geschenke zu bringen, unauffällig in die Burgen eindringen könne. Sobald man die Burgen erobert habe, werde dann das Zeichen für den Aufstand gegeben (vgl. V. 1400–1424).

Der dreigeteilte Rütlischwur

Die Versammlung endet damit, dass alle Anwesenden „den Eid des neuen Bundes schwören" (V. 1447). Damit setzt Schiller nach den drei Eidgenossen ein weiteres zentrales Geschehen aus dem Schweizer Nationalmythos in Szene: den Rütlischwur (vgl. V. 1448–1453).

Der Rütlischwur bei Schiller

Der Rütlischwur setzt sich bei Schiller aus drei einzelnen Schwüren zusammen.

Die Versammelten verpflichten sich
- erstens zur Einheit und Brüderlichkeit (vgl. V. 1448f.),
- zweitens zur Freiheit (vgl. V. 1450f.),
- und drittens zum gemeinsamen Vertrauen auf Gott (vgl. V. 1452f.).

Gottvertrauen als wichtiges Motiv

Dieses Vertrauen auf Gott ist ein wichtiges Motiv im Drama „Wilhelm Tell". Bereits Tell (vgl. V. 139f.) und Gertrud (vgl. V. 312f.) begründeten ihr mutiges Handeln mit ihrem

Gottvertrauen. Das Vertrauen auf Gott entspricht dem Glauben an die Stärke des Naturrechts. Mit dem ausdrücklichen und wiederholten Verweis auf Gott will Schiller den Volksaufstand jedoch möglicherweise bewusst von der Französischen Revolution unterscheiden.

Der Rütlischwur – historische Postkarte

Dritter Aufzug/Erste Szene (S. 56–59): Tells Zuhause

Tell und seine Söhne folgen ihrer natürlichen Bestimmung

Walter und Wilhelm, die beiden Söhne Tells, spielen im Hof vor Tells Haus mit einer kleinen Armbrust. Besonders Walter ist begeistert bei der Sache (vgl. V. 1466–1477). Während Tell das gerne sieht (vgl. V. 1481), fürchtet seine Frau Hedwig die Gefahren, die damit einhergehen (vgl. V. 1482–1508). Wie um Walter ängstigt sie sich auch um Tell. Doch das ruhige, bäuerische Leben, das Hedwig offenbar gerne führen würde, ist für Tell nicht gemacht. Er ist, genau wie sein Sohn Walter, von „Natur" (V. 1487) aus zu einem gefahrvollen und rastlosen Leben als Jäger bestimmt (vgl. V. 1487–1490).

Die Vorstellung, dass jeder einzelne Mensch auf der Grundlage seiner individuellen Anlagen und Talente eine eigene Bestimmung im Leben habe, war im Zeitalter der Aufklärung weitverbreitet und lag auch den klassischen „Bildungsromanen" zugrunde.

Während Walter also offenbar dazu bestimmt ist, in die Fußstapfen seines Vaters zu treten, verkörpert Wilhelm, wie sich am Ende der Szene zeigt (vgl. V. 1583 ff.), eher den mütterlichen Gegenentwurf.

Hedwig mahnt zur Vorsicht

Im auffälligen Gegensatz zu Stauffachers Gattin Gertrud, die ihren Mann in der 2. Szene des 1. Aufzugs dazu ermutigt hat, auf Gott zu vertrauen und einen Aufstand in die Wege zu leiten, stellt Hedwig in dieser Szene das Gottvertrauen, das Tell erneut bekräftigt (vgl. V. 1510), infrage (vgl. V. 1530 f.). Statt ihrem Mann Mut zuzusprechen, versucht sie, ihn zu besänftigen, und ermahnt ihn zur Vorsicht. Sie weiß vom Rütlischwur und fürchtet, dass Tell sich am Aufstand beteiligen und dabei in Gefahr geraten werde. Ebenfalls im Gegensatz zu Gertrud, die den Kampf für die gemeinsame Sache betont hat, rückt Hedwig das persönliche Wohlbefinden der eigenen Familie (vgl. V. 1527 f.) in den Vordergrund.

Frauen bilden eine Art Gegengewicht zu ihren Männern

Trotz der gegensätzlichen Argumentationsweisen der beiden Frauen gibt es zwischen Gertrud und Hedwig aber auch eine Gemeinsamkeit: Sie bilden jeweils eine Art Gegengewicht zu ihren Männern. Anders als der abwägende Stauffacher hat der draufgängerische Tell eine Ermutigung nämlich gar nicht nötig.

Tell mit seiner Familie vor dem Aufbruch nach Altdorf – historische Postkarte

Tell kann nicht aus seiner Haut. Das eigene Wohl und das Wohl anderer sind für ihn untrennbar miteinander verknüpft (vgl. V. 1528f.). Und wie bereits in der 3. Szene im 1. Aufzug gegenüber Stauffacher (vgl. V. 440ff.) stellt er jetzt abermals klar, dass er sich seinem „Lande nicht entziehen" werde, „wenn es ruft" (V. 1521).

Tell verweigert seine Hilfe nicht

Als Tell zusammen mit Walter nach Altdorf zu Walter Fürst aufbrechen will, bittet ihn Hedwig, den Besuch zu verschieben, bis der Landvogt Geßler abgereist ist. Sie ahnt, dass eine Begegnung zwischen den beiden Männern unheilvoll enden wird. Ihre Sorge nimmt noch zu, als Tell ihr von seiner Begegnung mit Geßler erzählt. Mitten im Gebirge sind die beiden Männer aufeinandergetroffen. Geßler, der Tell „kurz zuvor" (V. 1559) wegen eines kleinen Vergehens unverhältnismäßig hart bestraft hat, ist ohne Gefolge unterwegs gewesen und hat offenbar um sein Leben gefürchtet. Tell aber hat Mitleid mit ihm empfunden und ihn verschont. Hedwig weiß: „Dass du ihn schwach gesehn, vergibt er nie." (V. 1572) Aber Tell, der Walter Fürst „versprochen" hat (V. 1578), zu kommen, lässt sich nicht abhalten und bricht gemeinsam mit Walter nach Altdorf auf. Wilhelm dagegen bleibt mit seiner sorgenvollen Mutter zurück.

Tell erzählt von seiner Begegnung mit Geßler

Dritter Aufzug/Zweite Szene (S. 59–63): Berta bewegt Rudenz zur Umkehr

Die 2. Szene des 3. Aufzugs beginnt mit einem erneuten Schauplatzwechsel. Gleichzeitig unterbricht diese Szene die Tell-Handlung (1. und 3. Szene des 3. Aufzugs) durch einen zweiten Handlungsstrang. Beispielhaft verdeutlicht die Parallelhandlung um die beiden Adligen Ulrich von Rudenz und Berta von Bruneck (vgl. auch: 2. Aufzug/1. Szene), dass Schiller in seinem Drama die Einheit der Handlung nicht einhält.

Parallelhandlung statt Einheit der Handlung

Die *„wilde Waldgegend"* (S. 59, Regieanweisung zur 2. Szene) liefert in dieser Szene den passenden Hintergrund für die romantische Begegnung zwischen Berta und Rudenz. Unbemerkt von der restlichen Jagdgesellschaft, mit der sie unterwegs sind, möchten beide die Gunst der Stunde nutzen, um dem jeweils anderen ihre Liebe zu „erklären" (V. 1585). Rudenz kommt Berta zuvor und gesteht ihr sein Verlangen (vgl. V. 1597). Gleichzeitig erklärt er, dass er für sein Werben eigentlich noch nicht genug „Ruhm" (V. 1598) erlangt habe. Er könne nichts als sein „Herz von Treu und Liebe" (V. 1601) vorweisen.

Liebe zwischen Rudenz und Berta

Berta führt Rudenz auf den Pfad der Tugend zurück – historische Postkarte

Es zeigt sich jedoch, dass er Berta falsch eingeschätzt hat. Ihr kommt es auf Ruhm gar nicht an. Vielmehr zweifelt sie an seiner Treue und Liebe. Obwohl sie selbst eine Habsburgerin bzw. Österreicherin ist, ist sie enttäuscht darüber, dass Rudenz sich von seinem Volk, den Schweizern, abgewandt hat. Sie betrachtet ihn als einen „naturvergessnen" (V. 1611) Verräter (vgl. V. 1608). Abermals wird hier die Natur zur moralischen Orientierung herangezogen. Rudenz handelt in Bertas Augen wider seine wahre Natur bzw. entgegen seinen natürlichen Bestimmungen und Pflichten und daher unmoralisch. Naturrecht und die natürliche Ordnung bilden in Schillers Stück die Grundlagen für moralisches Handeln.

Berta wirft Rudenz Verrat an seinen natürlichen Pflichten vor

Rudenz versucht, seinen Verrat vergeblich zu rechtfertigen (vgl. V. 1629 ff.), ist aber bereit, sein Verhalten zu ändern, als er erkennt, dass Berta ihn trotz allem liebt (vgl. V. 1649 f.). Berta möchte Rudenz auf den rechten, ihm von der „Natur" (V. 1651) bestimmten Weg zurückführen und „das Edle" (V. 1643) in ihm „wecken" (V. 1644). Sie fordert ihn auf, das Schweizer Volk bei seinem Freiheitskampf zu unterstützen. Nach Gertrud (vgl. 1. Aufzug/2. Szene) und Hedwig (vgl. 3. Aufzug/1. Szene) tritt mit Berta hier eine weitere Frau als Ratgeberin auf. Während Hedwig jedoch zur Vorsicht mahnt und Tell indirekt dazu auffordert, gegen seine Natur zu handeln, rät Berta genau wie Gertrud zur Tat und dazu, den Freiheitskampf der Schweizer zu unterstützen (vgl. V. 1725 ff.).

Berta weckt die edle Natur in Rudenz

Die Frau als Ratgeberin

Außerdem erklärt sie Rudenz, dass sie in der Schweiz Ländereien besitze, auf die man es am Kaiserhof abgesehen habe. Sie solle zu einer Hochzeit mit einem österreichischen Adligen gezwungen werden. In einer freien Schweiz könne aber auch sie frei leben. Rudenz gesteht ihr daraufhin, dass er sich nur aus Liebe zu ihr den Österreichern angeschlossen habe. Beide malen sich nun eine glückliche gemeinsame Zukunft in einer freien Schweiz aus (vgl.

Hoffnung auf eine gemeinsame Zukunft als Mann und Frau

V. 1706–1715). Die Geschlechterrollen sind dabei klar verteilt: Der Mann wirkt in der Öffentlichkeit, in der Politik (vgl. V. 1706–1709); die Frau unterstützt ihn dabei durch ihre Arbeit im häuslichen Bereich (vgl. V. 1710–1715).

Freiheit als Grundlage der Liebe

Am Ende der Szene ist Rudenz bekehrt. Er besinnt sich wieder der Liebe zu seinem Vaterland (vgl. V. 1697–1699), die nun der Liebe zu Berta nicht länger im Wege steht. Allerdings weiß er noch nicht, wie er sich von Österreich lösen kann. Berta rät ihm zum radikalen Bruch und zum Kampf gegen die Unterdrücker des Schweizer Volkes (vgl. V. 1725–1727). Ehe sich beide vorübergehend trennen müssen, weil die Jagdgesellschaft näher kommt, verdeutlicht Berta ihm noch einmal, dass der Kampf um ihre Liebe und der Kampf um sein Vaterland sich nicht widersprechen. Im Gegenteil: „Kämpfe/Fürs Vaterland, du kämpfst für deine Liebe!" (V. 1728 f.)

Berta und Rudenz – Lösung eines scheinbaren Konfliktes

Scheinbarer Konflikt:

Schweiz (Rudenz' Vaterland)	←	Rudenz (Schweizer Adliger)	→	Berta (österreichische Adlige)

Lösung:

Rudenz	—	Schweiz	→	Berta (sympathisiert mit Schweizer Freiheitskampf, besitzt Ländereien in der Schweiz)

→ **gemeinsame Zukunft in einer freien Schweiz**

Dritter Aufzug/Dritte Szene (S. 64–76): Tells Apfelschuss

Befehl ist nicht gleich Befehl

Die beiden Soldaten Friesshardt und Leuthold bewachen auf einer Wiese bei Altdorf den Hut auf der Stange (vgl. 1. Aufzug/3. Szene). Während Friesshardt eifrig darauf lauert, diejenigen zu verhaften, die den Hut nicht grüßen, würde Leuthold diesen „närrische[n] Befehl" (V. 1758) am liebsten ignorieren (vgl. V. 1761–1764). Friesshardt und Leuthold verkörpern zwei gegensätzliche Befehlsempfänger. Der eine (Friesshardt) erfüllt den Befehl voller Eifer, der andere (Leuthold) hinterfragt ihn, führt ihn nur widerwillig aus und wäre auch bereit dazu, es nicht ganz so genau zu nehmen. Schiller deutet hier an, dass es für Befehlsempfänger einen Spielraum bei der Umsetzung ihrer Befehle gibt. In gewissem Maße sind daher auch sie für das, was sie tun, verantwortlich.

Widerspruch zwischen räumlicher und sozialer Freiheit

Tell berichtet seinem Sohn Walter auf dem Weg nach Altdorf von den Unterschieden zwischen einem Leben in den Bergen und im Tal bzw. in der Ebene. Während er das Gebirge als wild und gefährlich darstellt, beschreibt er die Ebene als ruhig und friedlich. Auf Walters Frage, wieso sie dann nicht dort unten lebten, anstatt sich oben zu „ängstigen" und zu „plagen" (V. 1797), erklärt Tell, dass die Menschen im Tal nicht frei seien und nicht für sich selbst sorgen könnten, da das ganze Land dem König gehöre. Auch gebe es zwischen den Menschen keinen Zusammenhalt (vgl. V. 1798–1810). Schiller stellt hier die enge, wilde Gebirgslandschaft und die weite, landwirtschaftlich bearbeitete Ebene einander gegenüber. Dieser Gegensatz entspricht dem zwischen der ungezügelten Natur und einer von Menschen geprägten Kulturlandschaft. Zwar erscheint das Leben in der Ebene auf den ersten Blick angenehmer und sicherer, das ist aber nur eine oberflächliche, äußerliche Betrachtungsweise, die dem Streben nach Ruhm und äußerem Glanz (vgl. 2. Aufzug/1. Szene) ähnelt. Schaut man genauer hin, zeigt sich, dass es der räumlich „frei[en]" (V. 1792) Ebene an wahrer, gesellschaftlicher Freiheit fehlt (vgl. V. 1799 ff.). Walter drückt diesen Widerspruch zwischen äußerem Schein und innerem Sein so aus: „Vater, es wird mir eng im weiten Land" (V. 1811).

Doppelter Widerspruch zwischen Natur und Kultur

	Landschaft (äußerer Schein)	**Gesellschaft (inneres Sein)**
Natur (Gebirge, Schweiz)	eng, bedrohlich	frei, solidarisch
Kultur (Ebene, Königreich)	weit, frei, sicher	abhängig, egoistisch

Tell ignoriert den Hut und wird verhaftet

Tell und Walter kommen am Hut auf der Stange vorbei, gehen aber weiter, ohne ihn zu grüßen (vgl. V. 1815 f.). Als die beiden Soldaten Tell daraufhin festhalten und verhaften wollen, bildet sich schnell ein Menschenauflauf. Die Menge – darunter auch die drei Eidgenossen – empört sich. Walter Fürst, Tells Schwiegervater, verbürgt sich für Tell und fordert die beiden Wächter auf, ihn freizulassen. Die Stimmung in der Menge wird immer aggressiver (vgl. V. 1845), woraufhin Tell die Leute zu beruhigen versucht (vgl. V. 1846 ff.).

Geßler verurteilt Tell zum Apfelschuss

Nachdem Friesshardt drei Mal und immer lauter um Hilfe gerufen hat (vgl. V. 1851 ff.), kommt der Landvogt Geßler mit seinem Gefolge angeritten. Friesshardt berichtet dem Vogt, dass Tell dem Hut „den Ehrengruß versagte" (V. 1862), woraufhin der Landvogt Tell zur Rede stellt. Tell bittet um Verzeihung und erklärt, er habe den Gruß nicht absichtlich verweigert, sondern lediglich nicht daran ge-

Tell weigert sich, den Hut zu grüßen – Münchener Bilderbogen Nr. 3 ‚Die Geschichte von Wilhelm Tell', gezeichnet von Anton Muttenthaler (1848)

dacht. Geßler aber kennt keine „Gnad" (V. 1873). Vielmehr fordert er den „Meister auf der Armbrust" (V. 1874) auf, seinem Sohn Walter aus einer Entfernung von hundert Schritten einen Apfel vom Kopf zu schießen. Sollte er den Apfel nicht treffen, würde er selbst enthauptet werden. Alle Umstehenden erschrecken angesichts dieser grausamen Strafe. Tell fleht Geßler vergeblich an, ihn nicht dazu zu zwingen. Als Tell sich beharrlich weigert („Eher sterb ich!", V. 1898), droht Geßler, auch Walter zu töten: „Du schießest oder stirbst mit deinem Knaben." (V. 1899)

Geßler weist alle Bitten zurück

Geßler lässt sich auch durch die Bitten und Einwände Bertas, die sich ebenso wie Rudenz im Gefolge des Landvogts befindet, nicht von seinem „[u]nmenschlich[en]" (V. 1922) Urteil abbringen. Auch die Appelle der umstehenden Schweizer verhallen ungehört (vgl. S. 70 f.). Vergeblich fällt Walter Fürst vor dem Landvogt auf die Knie (vgl. S. 71,

Regieanweisung nach V. 1942). Geßler entpuppt sich in dieser Szene als unbarmherziger, sadistischer Tyrann. So wie er mit Tell umspringt, so unterdrückt er das gesamte Schweizer Volk. Seine Terrorherrschaft basiert darauf, Angst und Schrecken zu verbreiten. Und er weiß, dass er Tell am meisten ängstigen kann, wenn er dessen Familie bedroht.

Walters Vatervertrauen ...

Tells Sohn Walter jedoch bleibt unerschrocken. Obwohl Rudolf der Harras aus Geßlers Gefolge dem Jungen rät, um Gnade zu flehen (vgl. V. 1919f.), bleibt Walter standhaft. Er fordert sogar seinen Großvater auf, „nicht vor dem falschen Mann" (V. 1947) zu knien. Walters Vertrauen in die Schießkünste seines Vaters (vgl. V. 1959ff.) entspricht Tells Gottvertrauen. Eine Parallele, die ganz am Ende der Szene noch einmal deutlich wird, als Walter nach seinem Vater ruft und dieser ihn auf den himmlischen Vater verweist (vgl. V. 2095f.).

... entspricht Tells Gottvertrauen

Tells Apfelschuss

Auch Rudenz, der sich lange zurückgehalten hat, fordert Geßler auf, seinen Befehl zurückzunehmen. Notfalls ist er sogar bereit, mit dem Schwert gegen Geßler vorzugehen (vgl. V. 2029–2031). Während sich die Auseinandersetzung zwischen den beiden zuspitzt und Berta sich dazwischenwirft (vgl. S. 73, Regieanweisung nach V. 2009), schießt Tell im Hintergrund (vgl. S. 72, Regieanweisung nach V. 1991, V. 2031) und trifft den Apfel (vgl. V. 2032).

Tell wird erneut verhaftet

Nach dem erfolgreichen Schuss wird Tell von der Menge gefeiert. Auch Rudolf der Harras und selbst Geßler sind von dem „Meisterschuss" (V. 2043) beeindruckt. Geßler aber stellt Tell noch einmal zur Rede. Er möchte wissen, weshalb dieser einen zweiten Pfeil bereitgehalten habe. Als Geßler versichert, Tells Leben zu schonen, gesteht dieser, dass er mit diesem Pfeil Geßler getötet hätte, wenn der erste Pfeil seinen Sohn getroffen hätte. Geßler lässt Tell daraufhin erneut verhaften, er soll nach Küßnacht in Geßlers Festung gebracht werden. Da Küßnacht in Schwyz und nicht in Uri liegt, muss Tell dafür „außer Lands" (V. 2075) gebracht

Tell bereitet sich auf den Apfelschuss vor

werden. Das aber lassen die kaiserlichen Freiheitsbriefe eigentlich nicht zu. Geßler jedoch erwidert auf diesen Einwand aus der Menge, dass der Kaiser die Freiheitsbriefe nicht bestätigt habe. Am Ende der Szene wird Tell abgeführt. Doch auch diese erneute Ungerechtigkeit erschüttert ihn nicht in seinem Gottvertrauen (vgl. V. 2098).

Der Apfelschuss als dramaturgischer Wendepunkt

Mit dem erzwungenen Apfelschuss erreicht der Konflikt zwischen Geßler und Tell seinen Höhepunkt. Gleichzeitig nimmt das Geschehen eine entscheidende Wende. Indem Geßler Tells Heiligstes, seine Familie, bedroht, wird Tell gezwungen, Partei zu ergreifen. Die abstrakte Politik ist für ihn nun konkret geworden, da er davon überzeugt ist, seine Familie nur schützen zu können, wenn er den Tyrannen tötet. Der Schweizer Volksaufstand wird für ihn damit zur persönlichen Angelegenheit. Die politischen Interessen der Eidgenossen und die privaten Interessen Tells decken sich. Mit dem Apfelschuss wird der Sieg der Eidgenossen zur Voraussetzung für Tells privates Glück und die Sicherheit seiner Familie. Erst durch den Apfelschuss entwickelt sich Tell im Folgenden zur zentralen Figur des Schweizer Befreiungskampfes. Indem er Tell dazu zwingt, auf sein eigenes Kind zu zielen, macht sich Geßler diesen zum Todfeind.

Die abstrakte Politik wird konkret

Deckung der politischen Interessen der Eidgenossen mit den privaten Interessen Tells

Geßlers späterer Tod erscheint damit als Folge seiner eigenen Grausamkeit.

Wandel von Rudenz

Neben Tell vollzieht in dieser Szene auch Rudenz einen entscheidenden Wandel. Er stellt sich offen gegen Geßler und schlägt sich damit auf die Seite des Schweizer Volkes.

Vierter Aufzug/Erste Szene (S. 77–83): Tells Flucht

Rückschlag für den Schweizer Freiheitskampf

Am östlichen Ufer des Vierwaldstättersees berichtet Kunz von Gersau einem Fischer und seinem Sohn von Tells Verhaftung. Auch dass der Freiherr von Attinghausen im Sterben liege, teilt er ihnen mit. Für den Fischer ist das gleichbedeutend mit dem Triumph der „Tyrannei" (V. 2124). Ohne die Worte Attinghausens (vgl. V. 2118 ff., V. 2125 f.) und die Taten Tells (vgl. V. 2102 ff., V. 2127) glaubt er nicht an einen Erfolg des Schweizer Freiheitskampfes.

Die Natur empört sich

Nachdem Kunz gegangen ist, beobachten der Fischer und sein Sohn den stürmischen See. Der Fischer deutet den Sturm als eine Reaktion auf den Frevel wider die Natur, den Geßler begangen habe, als er Tell auf seinen Sohn zielen ließ (vgl. V. 2140 ff.). Die „Natur" (V. 2142) müsse sich gegen ein solch widernatürliches Verhalten „empören" (V. 2143). Wie schon der doppelte Mondregenbogen in der 2. Szene des 2. Aufzugs (vgl. S. 39 ff.) erhält hier eine Naturerscheinung – in diesem Fall das Wetter bzw. der Sturm – eine symbolische Bedeutung.

Als der Sohn des Fischers das Schiff des Landvogts Geßler inmitten des Sturms entdeckt, sieht der Fischer darin eine Strafe Gottes. Der Sturm erscheint ihm als ein Werkzeug göttlicher Gerechtigkeit (vgl. V. 2173, V. 2181) bzw. Rache (vgl. V. 2176). In der Natur äußert sich für ihn der Wille Gottes. Dieser göttliche Wille entspricht weitgehend dem „Naturrecht", auf das sich die Eidgenossen beim Rütlischwur berufen haben (vgl. V. 1277–1283; vgl. auch „Hintergründe": „Entstehung u. Nationalmythos d. Schweiz", S. 71 ff.).

Der Fischer und sein Sohn beobachten Geßlers Schiff auf dem tosenden See. Sie machen sich Sorgen um Tell, weil sie glauben, dass dieser noch auf dem Schiff gefangen sei. Doch da taucht Tell plötzlich im Hintergrund am Ufer auf. Er erzählt den beiden, wie es ihm – mit Gottes Hilfe (vgl. V. 2229, V. 2246, V. 2262) – gelungen sei, sich zu befreien. Als der Sturm losgebrochen ist, hat man ihn losgebunden, um das Schiff durch die Fluten zu steuern. Dabei hat er das Schiff in die Nähe des Ufers manövrieren können. An einem Felsvorsprung hat er sich aufs Land gerettet. Gleichzeitig hat er das Schiff zurück in den See gestoßen.

Tell berichtet von seiner Flucht

Der Fischer fragt Tell nach seinen weiteren Plänen, woraufhin dieser sich nach dem Weg nach Küßnacht erkundigt. Der Fischer kennt einen Schleichweg, auf dem der Sohn des Fischers Tell hinführen soll. Tell will wissen, ob der Fischer auch den Rütlischwur geleistet habe. Als dieser das bestätigt, bittet Tell ihn, seiner Frau und seinem Schwiegervater mitzuteilen, dass er frei sei. Was er vorhat, verrät er zunächst nicht. Er kündigt aber an, dass bald davon die Rede sein werde.

Tell bricht nach Küßnacht auf

Vierter Aufzug/Zweite Szene (S. 83–91): Attinghausen stirbt

Der Freiherr von Attinghausen liegt im Sterben. Die drei Eidgenossen sowie Baumgarten und Walter Tell sind bei ihm, als Walters Mutter Hedwig aufgebracht hereinstürzt, um ihren Sohn zu sehen. Sie hat vom Apfelschuss und Tells Verhaftung erfahren, weiß aber noch nicht, dass Tell sich wieder befreit hat. Auch die anderen glauben Tell noch immer in Gefangenschaft. Hedwig ist überglücklich, dass Walter unverletzt geblieben ist, empört sich aber darüber, dass Tell überhaupt auf seinen Sohn mit der Armbrust gezielt hat. Die Einwände der Männer, ihm sei keine andere Wahl geblieben, lässt sie nicht gelten. Stattdessen wirft sie ihnen vor, nichts getan zu haben, um Tell zu helfen. Ihr

Hedwigs Vorwürfe

Mann, fürchtet sie, werde im Kerker zugrunde gehen. Den Eidgenossen traut sie nicht zu, Tell zu befreien: „Euch alle rettete der Tell – Ihr alle/Zusammen könnt nicht seine Fesseln lösen!" (V. 2370f.)

Attinghausens Tod symbolisiert das Ende der alten Zeit

Attinghausen, der bislang geschlafen hat, wacht auf und erkundigt sich nach seinem Neffen, Ulrich von Rudenz, der aber noch nicht eingetroffen ist. Walter Fürst und Stauffacher berichten Attinghausen jedoch von Rudenz' Gesinnungswandel (vgl. V. 2375ff.). Dennoch befürchtet Attinghausen, dass mit ihm auch die letzte Hoffnung für das Schweizer Volk zu Grabe getragen werde (vgl. V. 2387ff.). So hoffnungslos aber wollen die Eidgenossen den Freiherrn nicht sterben lassen. Deshalb erzählen sie ihm vom Rütlischwur.

Als Attinghausen von den Umsturzplänen erfährt, die von den bürgerlichen Eidgenossen zunächst noch ohne Unterstützung des Schweizer Adels geschmiedet worden sind (vgl. V. 2414–2416), blickt er begeistert und frohgemut in die Zukunft. Er sieht die Schweiz an einem historischen Wendepunkt. Mit ihm gehe die alte Zeit der Adelsherrschaft zu Ende (vgl. V. 2420f., V. 2426, V. 2446), und mit dem Rütlischwur beginne ein neues, „bessere[s]" (V. 2425) Zeitalter einer freien Bürgergesellschaft (vgl. V. 2425ff., V. 2446). Er mahnt die Eidgenossen noch zu schnellem Handeln und zur Einigkeit und stirbt (vgl. V. 2450ff.). Der Tod des alten Adligen markiert symbolisch bzw. als „Pars pro Toto"[1] das Ende des alten Adels und der Adelsherrschaft.

Rudenz verbündet sich mit den Eidgenossen

Attinghausen ist bereits tot, als Rudenz eilig eintritt. Er kommt zu spät, um sich von seinem Onkel zu verabschieden. Stauffacher tröstet ihn jedoch damit, dass der Freiherr noch von seinem Gesinnungswandel erfahren habe. Rudenz bekräftigt diesen daraufhin erneut: „Ein Schweizer bin ich und ich will es sein" (V. 2471). Als er zum Zeichen seiner

[1] Pars pro Toto: ein Teil des Ganzen, der stellvertretend für das Ganze steht

Die letzten Worte des sterbenden Freiherrn von Attinghausen – historische Postkarte

Verbundenheit den Eidgenossen die Hände reichen will, zögert Melchthal (vgl. 2479ff.). Erst auf Zureden Walter Fürsts und Stauffachers lässt er sich darauf ein. Vom Rütlischwur aber erzählen die drei Rudenz nichts. Rudenz allerdings weiß bereits davon. Er versichert, nie daran gedacht zu haben, seine Landsleute zu verraten (vgl. V. 2509f.).

Die Verbündeten beschließen, den Aufstand nicht länger zu verschieben

Lediglich dass die Eidgenossen den Aufstand verschoben haben, hält er für einen Fehler. Umso mehr drängt er nun zur Tat; insbesondere deshalb, weil Geßler Berta von Bruneck habe entführen lassen. Im Schweizer Freiheitskampf sieht er die einzige Chance, seine Geliebte zu befreien (vgl. V. 2544–2547). Damit bestätigt sich, was Berta bereits in der 2. Szene des 3. Aufzugs vorausgesehen hat: „Kämpfe/ Fürs Vaterland, du kämpfst für deine Liebe!" (V. 1728 f.) Als die drei Eidgenossen von der Entführung Bertas hören, entschließen auch sie sich dazu, den Aufstand nicht länger zu verschieben. Nicht zuletzt durch Tells Gefangennahme habe sich die Lage seit dem Rütlischwur grundlegend geändert (vgl. V. 2549 ff.).

Vierter Aufzug/Dritte Szene (S. 91–101): Tell tötet Geßler

Tell will Geßler aus Notwehr töten

Oberhalb der *„hohle[n] Gasse bei Küßnacht"* (S. 91) lauert Tell dem Landvogt Geßler auf, um ihn zu töten. In einem langen Monolog (vgl. S. 91–94) rechtfertigt er sein Vorhaben vor sich selbst. Dabei betont er, bisher immer friedlich gelebt zu haben (vgl. V. 2569–2571). Erst als Geßler ihn gezwungen habe, auf seinen eigenen Sohn zu zielen, habe sich das geändert (vgl. V. 2572–2577). Damals habe er sich geschworen, Geßler zu töten (vgl. V. 2585–2588). Tell sieht sich als Werkzeug Gottes, der Geßler für seine tyrannische Willkürherrschaft (vgl. V. 2595 f.) bestraft und dessen Untaten rächt (vgl. V. 2597).

Tell geht es nicht um persönliche Rache. Vielmehr glaubt er, Geßler töten zu müssen, um seine Familie vor dessen „Rache" (V. 2634) zu „schützen" (V. 2634; vgl. auch V. 2580). Er ist davon überzeugt, aus Notwehr zu handeln, um seine Familie zu „verteid'gen" (V. 2633). Der „Meisterschuss" (V. 2650), mit dem Tell den Vogt töten will, erscheint demzufolge als unumgängliche Konsequenz aus dem „Meisterschuss" (V. 2043), zu dem Geßler den Vater in der 3. Szene des 3. Aufzugs gezwungen hat.

Freiheitskampf zum Schutz vor konkreten Gefahren

Tells Tat erscheint damit – ähnlich wie in der Szene zuvor Rudenz' schnelles Handeln – im doppelten Sinne notwendig: zum einen als Teil des Schweizer Befreiungskampfes und zum anderen, um die eigene Familie (bzw. bei Rudenz: die Geliebte) zu schützen, zu befreien bzw. zu verteidigen. Beides – das Politische und das Private – ist hier unlösbar miteinander verbunden. Es geht nicht nur um allgemeine, abstrakte Ideale, sondern ganz konkret um Leib und Leben.

Hochzeitsgesellschaft berichtet vom Aufruhr der Natur

Während Tell auf Geßler wartet, kommt eine Hochzeitsgesellschaft vorbei. Der weitere Handlungsverlauf wird durch diesen Einschub verzögert. Tell, der eingeladen wird, sich der Hochzeit anzuschließen, lehnt dies ab. Der Feldhüter Stüssi berichtet ihm von wundersamen Vorfällen (vgl. V. 2664–2675), die den Eindruck erwecken, als wehre sich die Natur gegen „schwere Taten wider die Natur" (V. 2678).

Indirekt und ohne es zu wissen, rechtfertigt Stüssi damit Tells Plan. Wenn selbst die Natur sich gegen die Untat Geßlers erhebt, ist es nur natürlich, dass auch Tell dies tut. Erneut beschreibt Tell seine Tat als unausweichlich: „Es kann der Frömmste nicht in Frieden bleiben,/Wenn es dem bösen Nachbar nicht gefällt." (V. 2683 f.) Noch aber trotzt Geßler dem Aufruhr der Natur. Weder der stürmische See noch die Überschwemmung infolge des Unwetters (vgl. V. 2689 ff.) können ihn aufhalten. Es ist nun an Tell, der Natur wieder zu ihrem Recht zu verhelfen.

Geßler erweist sich erneut als unbarmherzig

Geßler erscheint in der hohlen Gasse. Im Gespräch mit Rudolf dem Harras erklärt er unmissverständlich, dass es Ziel seiner Politik sei, das Schweizer Volk zu „unterwerfen" (V. 2732; vgl. V. 2710–2732). Die Bäuerin Armgard stellt sich dem Landvogt in den Weg und fleht um „Barmherzigkeit" (V. 2733) für ihren Mann, der im Gefängnis sitzt. Für die ohnehin schon arme Familie bedeutet das ein großes

Unglück. Doch obwohl sogar Rudolf der Harras den Vogt um Gnade für den „armen Mann" (V. 2744) bittet, bleibt Geßler unbarmherzig. Wütend droht er, über Armgard hinwegzureiten. Mehrfach fordert er seine Knechte auf, sie aus dem Weg zu schaffen. Das Flehen Armgards erweckt bei Geßler keinerlei Mitleid. Vielmehr nimmt er sich vor, in Zukunft noch härter zu regieren. Dass Armgard ihm so hartnäckig den Weg versperrt, wertet er als einen Akt der Rebelli-

Tells Geschoss trifft Geßler – Münchener Bilderbogen Nr. 3 (1848)

on und ein Zeichen für den „Geist der Freiheit" (V. 2784). Um dem Schweizer Volk diesen Freiheitsgeist endgültig auszutreiben, plant er ein neues Gesetz (vgl. V. 2785). In dem Moment jedoch, in dem er seine neuen Unterdrückungspläne verkünden will (vgl. V. 2786), trifft ihn „Tells Geschoss" (V. 2792).

Tells Tat verhindert größeres Leid

Dass Tell gerade in diesem Augenblick auf Geßler schießt, hat eine symbolische Bedeutung: Tell verhindert mit dem Tyrannenmord weiteres Unrecht und größeres Leid. Geßler kann seine neuen schändlichen Pläne nicht mehr aussprechen und nicht mehr umsetzen. Tells Tat erscheint daher sinnvoll und gerechtfertigt. Dies gilt umso mehr, da Geßlers Reaktion auf Armgards Flehen den Schluss nahelegt, dass dem Tyrannen nur mit Gewalt beizukommen sei.

Geßlers Tod leitet den Aufstand ein

Geßler weiß, dass es Tell ist, der auf ihn geschossen hat, noch ehe sich dieser ihm gegenüber zu erkennen gibt (vgl. V. 2792f.). Tell beschreibt seine Tat als Teil eines Freiheitskampfes (vgl. V. 2794f.), auch das anwesende Volk empfindet das so. Vergeblich fordert Rudolf der Harras die Umstehenden auf, dem sterbenden Landvogt zu helfen. Anstatt Mitleid mit dem Tyrannen zu haben, empfinden sie dessen Tod als eine Befreiung (vgl. V. 2812, V. 2819–2821). Als Rudolf der Harras die Menge mit Gewalt unter seine Kontrolle bringen will, fällt ihm der Feldhüter Stüssi in den Arm. Damit leistet der Schweizer Stüssi aktiven Widerstand. Rudolf der Harras ahnt, dass Geßlers Tod den Schweizer Volksaufstand einleitet. Gemeinsam mit den Waffenknechten eilt er nach Küßnacht, um die dortige Burg gegen die Aufständischen zu verteidigen.

Göttliches Gericht als letzte Instanz

Die Szene endet mit den Barmherzigen Brüdern, die einen Kreis um den Toten bilden. Sie sind davon überzeugt, dass sich der tote Geßler nun vor dem Gericht Gottes für seine irdischen Verbrechen verantworten muss (vgl. V. 2839). Dieses göttliche Gericht basiert auf derselben Vorstellung wie das Naturrecht. Es ist ein Recht, das über bzw. vor den menschlichen Gesetzen steht. Zugleich stellt es so etwas wie die letzte Instanz in moralischen Fragen dar. Mit ihm lassen sich auch Verstöße gegen irdische Gesetze rechtfertigen. In Schillers Stück hat Tell dieses Naturrecht bzw. Gott stets auf seiner Seite. Auch die Ermordung des Tyrannen Geßler erscheint dadurch gerechtfertigt.

Fünfter Aufzug/Erste Szene (S. 102–109): Sieg der Schweizer

Das Volk erhebt sich

Der Volksaufstand der Schweizer ist in vollem Gange. In Altdorf unterhält sich die Bevölkerung darüber, dass die Burgen in den anderen Landschaften bereits erobert seien. Nur die Zwingburg Uri stehe noch. Das aber soll sich ändern. Obwohl Walter Fürst die aufgebrachte Menge mahnt, erst die Nachrichten aus Unterwalden und Schwyz abzuwarten (vgl. V. 2853 ff.), stürmen die Aufständischen in Richtung Burg.

Eine friedliche Revolution

Melchthal trifft ein und berichtet Walter Fürst, wie er gemeinsam mit Ulrich von Rudenz die Burgen in Unterwalden und Schwyz erobert habe. Zusammen haben sie dabei Berta von Bruneck aus den Flammen befreit. Durch die gemeinsame Rettungstat sind die beiden Männer endgültig miteinander verbunden (vgl. V. 2900 ff.). Außerdem ist es Melchthal gelungen, den flüchtenden Landvogt Landenberg zu ergreifen, der seinen Vater einst geblendet hatte. Dieser aber lässt seinen Peiniger gegen das Versprechen, für immer das Land zu verlassen, am Leben. Walter Fürst ist froh darüber, Rache und Blutvergießen hätten nämlich dem Geist des friedlichen Freiheitskampfes widersprochen (vgl. V. 2914).

Dass Melchthals Vater nicht auf Rache sinnt, macht deutlich, dass sich mit dem Umsturz nicht nur die Machtverhältnisse verändert haben, sondern auch die moralischen Werte. Melchthals Vater beweist jene „Barmherzigkeit" (V. 2909), die Geßler noch in der Szene zuvor Armgard versagt hat (vgl. V. 2733). Statt persönlicher „Rache" schreiben sich die Eidgenossen christliche „Barmherzigkeit" auf die Fahnen.

Die Ermordung des Kaisers

Als Ruodi den Hut auf der Stange herbeibringt, will die Menge das „Denkmal der Tyrannenmacht" (V. 2920) sofort verbrennen. Walter Fürst aber rät dazu, den Hut als ein Mahnmal zu bewahren und in ein Zeichen der Freiheit umzudeuten (vgl. V. 2921 ff.).

Trotz aller Freude über den errungenen Sieg fürchtet er die Rache des Kaisers. Da aber bringt Rösselmann die Kunde von dessen Tod. Der Neffe des Kaisers, Herzog Johann (Johannes) von Schwaben, habe ihn ermordet, weil er glaubte, der Kaiser habe ihm sein rechtmäßiges Erbe versagen wollen. Agnes, die Tochter des Kaisers und Königin von Ungarn, habe die Mörder für vogelfrei erklärt. Seitdem befänden sie sich auf der Flucht.

Für die Schweizer ist der Tod des Kaisers eine gute Nachricht, so sehr sie auch die Mordtat verabscheuen (vgl. V. 3012–3020), denn der neue Kaiser wird vermutlich kein Habsburger sein (vgl. V. 3020 ff.), sodass sich die Eidgenossen von ihm Schutz vor den Österreichern erhoffen dürfen.

Eidgenossen weigern sich, die Kaisermörder auszuliefern

Ein Bote übermittelt eine Nachricht von Königin Elsbet, der Witwe des Kaisers. Sie bittet die Schweizer, ihr bei der Suche nach den Mördern ihres Mannes behilflich zu sein, und appelliert an die Dankbarkeit gegenüber dem Kaiserhaus. Die drei Eidgenossen, Stauffacher, Walter Fürst und Melchthal, weisen das empört zurück. Nur dem Vater des Toten seien sie noch zu Dank verpflichtet gewesen, nicht jedoch dem verstorbenen Kaiser. Schließlich habe dieser ihre Freiheitsbriefe nicht mehr bestätigt. Deshalb fühlen sie sich ihm auch jetzt nicht verpflichtet. Sie sind nicht bereit, seinen Tod zu „rächen" (V. 3071) und die Mörder auszuliefern. Anstatt um den Kaiser zu trauern, „der nie uns Gutes tat" (V. 3072), brechen sie lieber zu Tell auf, um ihn als Befreier (vgl. V. 3084) und „Retter" (V. 3087) zu feiern.

Fünfter Aufzug/Zweite Szene (S. 110–116): Parricida flieht zu Tell

Ein Fremder im Mönchsgewand

Tells Frau Hedwig und ihre Söhne Walter und Wilhelm warten auf Tell, um mit ihm die wiedergewonnene Freiheit zu feiern. Die Tür steht offen und zeigt symbolhaft *„ins Freie"* (S. 110, Regieanweisung). Die heitere Stimmung wird jedoch getrübt, als ein Fremder im Mönchsgewand auftaucht. Der Mönch wirkt verstört, gehetzt (vgl. V. 3104 ff.) und kommt Hedwig und den Kindern bedrohlich nahe (vgl. V. 3115–3120). Gerade als Hedwig klar wird, dass es sich bei dem Fremden um keinen Mönch handelt, kehrt Tell zurück. Die Familie feiert das glückliche Wiedersehen, bis Tell auf den Fremden aufmerksam wird.

Tell erkennt Johannes Parricida

Noch ehe er sich selbst zu erkennen gibt, fragt der Mönch Tell, ob er derjenige sei, der den Landvogt Geßler getötet habe (vgl. V. 3148). Tell entgegnet: „Der bin ich, ich verberg es keinem Menschen." (V. 3149) Bereits hier wird die Gegensätzlichkeit der beiden Charaktere deutlich. Tell bekennt sich offen zu seiner Tat und seinem Namen. Der Fremde dagegen verbirgt sich und gibt sich als ein anderer aus. Weil er Tell jedoch für einen Gleichgesinnten hält, gesteht er ihm, dass auch er „einen Feind erschlagen" (V. 3154) habe. Voller „Entsetzen" (V. 3157) erkennt Tell in dem Fremden den Herzog von Schwaben, Johannes „Parricida" (V. 3165; wörtlich: Vater- oder Verwandtenmörder).

Tell unterscheidet zwischen Notwehr und Mord

Aufgebracht schickt Tell die Kinder und Hedwig fort. Er empört sich über die Mordtat Parricidas (vgl. V. 3166 ff.). Dieser ist überrascht und enttäuscht. Von Tell hat er sich Verständnis erhofft, da sich auch dieser an einem Feind gerächt habe. Tell aber betont, dass die beiden Taten völlig unterschiedlich seien und er Parricidas Tat „[v]erfluche" (V. 3182). Parricida habe aus „Ehrsucht", Tell aus „Notwehr" (V. 3176 f.) gehandelt. Während Tell seine Familie beschützte, habe Parricida sie zerstört. Während Tell sich gegen widernatürliches Unrecht auflehnte, habe Parricida selbst gegen die Natur gehandelt (vgl. V. 3182–3184). Parricida habe einen Mord begangen, Tell seine Familie „verteidigt" (V. 3185).

Die gegensätzlichen Motive von Tell und Parricida

Tell und Parricida töten beide einen ungerechten Herrscher, aber:

Tell ...	**Parricida ...**
• handelt aus Notwehr. • schützt seine Familie. • handelt uneigennützig und im Dienste der Gemeinschaft. • rächt Verbrechen gegen die Natur.	• handelt aus Gier, Ehrsucht. • zerstört seine Familie. • handelt egoistisch und nur auf das eigene Wohl bedacht. • begeht ein Verbrechen gegen die Natur.
→ handelt moralisch.	→ handelt unmoralisch.

→ **Parricida verkörpert das unmoralische Gegenmodell zu Tell und der Schweizer Revolution.**

↓	↓
selbstloser Retter (der Familie)	egoistischer (Verwandten-)Mörder

Der Zweck heiligt nicht die Mittel

Das Verhältnis zur eigenen Familie ist für Tell (und Schiller) ein wesentlicher moralischer Gradmesser. Indirekt beschreibt Tell die Familie als eine natürliche Lebensgemeinschaft (vgl. V. 3176–3185). Ein harmonisches Familienleben ist für ihn Ausdruck eines Lebens in Einklang mit der Natur und dem Naturrecht bzw. der (göttlichen) Moral. Und umgekehrt. Die Gegenüberstellung der beiden Taten von Tell und Parricida verdeutlicht, wie wichtig es für Tell (und Schiller) ist, dass eine Revolution aus den richtigen Beweggründen geschieht. Und sie zeigt auch, dass nach Tells (bzw. Schillers) Auffassung der Zweck nicht die Mittel heiligt: Tell und die Schweizer profitieren zwar von Parricidas Tat, dennoch verurteilt Tell sie aufs Schärfste.

Das „Notwendige und Rechtliche der Selbsthilfe"

Wie wichtig Schiller diese grundlegende Unterscheidung gewesen ist, geht aus einem Briefwechsel mit dem Theaterdirektor August Wilhelm Iffland (1759–1814) hervor, der die Stelle, an der sich Tell und Parricida begegnen, für seine Inszenierung des Stückes in Berlin gerne gestrichen hätte. Schiller entgegnete darauf: „Parricidas Erscheinung ist der Schlussstein des Ganzen. Tells Mordtat wird durch ihn allein moralisch und poetisch aufgelöst. Neben dem ruchlosen Mord [...] steht nunmehr Tells notgedrungene Tat, sie erscheint schuldlos in der Zusammenstellung mit einem ihr so ganz unähnlichen Gegenstück, und die Hauptidee des ganzen Stückes wird dadurch ausgesprochen, nämlich: ‚das Notwendige und Rechtliche der Selbsthilfe in einem streng bestimmten Fall'."[1]

Mitleid mit dem Mörder

Doch so sehr Tell auch die Untat Parricidas verabscheut, kann er ihm die ersehnte „Barmherzigkeit" (V. 3174; vgl. auch V. 2909, V. 2733) nicht vollständig verweigern (vgl. V. 3224–3227). Er rät ihm, auf geheimen Pfaden nach Rom zu gehen und dort vom Papst Vergebung zu erflehen. Tell beschreibt ihm den Weg. Als die Eidgenossen bei ihm eintreffen, schickt er Parricida eilig weg, trägt aber Hedwig noch auf, ihn mit reichlich Nahrung zu verpflegen. Außerdem ermahnt Tell seine Frau, nicht zu fragen, wer der Fremde sei, und nicht nachzusehen, wohin er gehe. Gegen Ende der Szene wird der Gegensatz zwischen den beiden Männern dann noch einmal symbolisch deutlich: Beide gehen *„zu verschiedenen Seiten"* (S. 116, Regieanweisung nach V. 3281) ab. Während Parricida sich *„verhüllt"*

[1] Schillers Werke. Nationalausgabe. Bd. 10: Die Braut von Messina. Wilhelm Tell. Die Huldigung der Künste. Hg. von Siegfried Seidel. Weimar: Hermann Böhlaus Nachfolger, 1980, S. 459

(V. 3274), einsam und geächtet (vgl. V. 3212ff.) seiner Wege geht, tritt Tell seinen Freunden entgegen.

Fünfter Aufzug/Dritte („Letzte") Szene (S. 116–117): Freie Schweizer Bürger

Vor Tells Haus feiern die Eidgenossen und das Volk diesen als ihren Befreier und Retter. Die Adligen Rudenz und Berta kommen hinzu. Während Rudenz die Landleute umarmt,

Beginn eines neuen, bürgerlichen Zeitalters

Tell wird als Volksheld gefeiert – historische Postkarte

umarmen sich auch Berta und Hedwig. Alle Standesunterschiede sind in diesen Umarmungen aufgehoben. Berta und Rudenz erscheinen als Gleiche unter Gleichen.

Die österreichische Adlige Berta von Bruneck bittet die Schweizer Eidgenossen anschließend, sie in ihrer Mitte aufzunehmen. Die Landleute stimmen dem freudig zu. Berta überwindet damit ihre österreichische Herkunft, legt ihre Adelsprivilegien ab und wird zu einer Schweizer „Bürgerin" (V. 3287).

Zusammenhang von politischem und privatem Glück

Als „freie Schweizerin" (V. 3290) reicht sie Rudenz ihre Rechte. Dass dieser symbolische Verlobungsakt von ihr ausgeht, unterstreicht ihr selbstbewusstes Auftreten. Möglicherweise deutet es an, dass auch Frau und Mann sich in der neuen Zeit als Gleichberechtigte begegnen sollen. Erneut gehen politisches und privates Glück hier jedenfalls Hand in Hand. Das veranschaulichen die auffällig ähnlichen Formulierungen („Recht" und „Rechte", V. 3286, V. 3289), mit denen sich Berta erst an die Schweiz und dann an Rudenz bindet.

Auch dieser verzichtet abschließend auf seine Standesprivilegien und entlässt seine Knechte in die Freiheit. Mit dieser symbolischen Handlung, die den Beginn eines neuen, freien und bürgerlichen Zeitalters einleitet, endet das Stück.

Hintergründe

Schillers Lebensstationen

Friedrich Christoph Schiller kommt am 10. November 1759 in Marbach am Neckar zur Welt. Er bleibt der einzige Sohn der Familie, hat aber eine ältere und vier jüngere Schwestern.

Friedrich Schiller

Ausbildung in der Militärakademie

Schiller wächst in einem frommen Elternhaus auf. Als Kind wünscht er sich, Geistlicher zu werden. Gegen seinen Willen zwingt Herzog Karl Eugen von Württemberg (1728–1793) den talentierten dreizehnjährigen Schüler

1773 jedoch, die Militärakademie auf Schloss Solitude zu besuchen. Schiller studiert dort zunächst Rechtswissenschaften und wechselt später zum Medizinstudium, das er 1780 im Alter von 21 Jahren erfolgreich abschließt. Während der Ausbildung leidet er unter dem Druck und der strengen Führung in der Lehranstalt. Von 1781 bis 82 arbeitet er als Regimentsarzt in Stuttgart.

Theaterstück „Die Räuber"

Bereits seit 1777 verarbeitet Schiller seine Erfahrungen an der Militärakademie, insbesondere den unterdrückten Freiheitsdrang, in seinem Theaterstück „Die Räuber". 1781 veröffentlicht er das Drama anonym im Selbstverlag. Wie auch die anderen frühen Stücke Schillers lässt es sich der Epoche des Sturm und Drang zurechnen. Im Zentrum dieser Dramen stehen leidenschaftliche Genies, Kraft- und Tatmenschen. Am 13. Januar 1782 wird das Drama „Die Räuber" mit großem Erfolg im Mannheimer Hof- und Nationaltheater aufgeführt.

Arrest und Schreibverbot

Um die Aufführung sehen zu können, entfernt sich Schiller ohne Erlaubnis von seinem Regiment in Stuttgart, wo er zu diesem Zeitpunkt noch als Militärarzt tätig ist. Als er im selben Jahr ein zweites Mal ohne Erlaubnis nach Mannheim fährt, wird er entdeckt und zu 14 Tagen Arrest verurteilt. Außerdem verbietet ihm der Herzog jede schriftstellerische Tätigkeit, die über das Verfassen medizinischer Schriften hinausgeht.

Flucht aus Württemberg

Am 22. September 1782 flieht Schiller gemeinsam mit dem Musiker Andreas Streicher aus Stuttgart. Seine Flucht aus Württemberg führt ihn über Frankfurt, Mannheim und Oggersheim nach Bauerbach in Thüringen, wo er etwa ein Jahr lang unter dem Decknamen „Dr. Ritter" auf dem Gut Henriette von Wolzogens lebt. Finanziell ist Schiller in dieser Zeit auf die Hilfe seiner Freunde und Gönner angewiesen. Vorübergehend erhält er einen Vertrag als Dramaturg am Mannheimer Theater. Außerdem gibt er die Zeitschrift „Rheinische Talia" heraus. Gleichzeitig setzt er seine dichterische Tätigkeit als freiberuflicher Schriftsteller fort.

1784 wird Schillers Drama „Kabale und Liebe" uraufgeführt. Im selben Jahr erkrankt der Dichter schwer an Malaria. Bis 1787 lebt er als Gast des Juristen und Schriftstellers Christian Gottfried Körner (1756–1831) in Leipzig und Dresden. 1787 wird das Stück „Don Carlos" in Hamburg uraufgeführt. 1788 begegnet Schiller zum ersten Mal Goethe, der ihm gegenüber jedoch distanziert bleibt. Dennoch schlägt Goethe ihn 1789 für eine Professur in Jena vor. Schiller tritt die Professur an und zieht nach Jena.

Erste Begegnung mit Goethe

1789 verlobt sich Schiller, der bereits mehrfach unglücklich verliebt war, mit Charlotte von Lengefeld. Am 22. Februar 1790 heiraten beide. Im Laufe ihrer Ehe bekommen sie insgesamt vier Kinder: Karl Friedrich Ludwig (14.09.1793–21.06.1857), Ernst Friedrich Wilhelm (11.07.1796–19.05.1841), Karoline Luise Henriette (11.10.1799–19.12.1850) und Emilie Henriette Luise (25.07.1804–25.11.1872).

Schiller heiratet Charlotte von Lengefeld

1790 gewährt Herzog Karl August von Sachsen-Weimar-Eisenach Schiller ein kleines jährliches Gehalt. Im selben Jahr wird ihm von Herzog Georg I. von Sachsen-Meiningen der Titel eines Hofrats verliehen. 1791 erkrankt Schiller an einer schweren Lungenentzündung, von der er sich bis zu seinem Tod nie mehr vollständig erholt. Der dänische Hof gewährt dem kränklichen Dichter eine dreijährige Pension. Im Oktober 1792 verleiht ihm die französische Nationalversammlung das französische Bürgerrecht.

Folgenschwere Erkrankung

Neben seiner schriftstellerischen Tätigkeit beschäftigt sich Schiller zunehmend auch mit Philosophie, insbesondere mit den Schriften Kants. 1794 entsteht aus einem Gespräch über naturwissenschaftliche Themen eine langjährige Freundschaft mit Goethe. Beide Männer tauschen sich in über tausend Briefen miteinander aus. 1799 zieht Schiller mit seiner Familie nach Weimar, wo auch Goethe lebt. Literaturgeschichtlich fällt die Freundschaft und Zusammenarbeit der beiden Dichter in die Weimarer Klassik, die rückbli-

Freundschaft mit Goethe

ckend von 1786 (Goethes Italienreise) bzw. 1794 (Beginn der Freundschaft zwischen Goethe und Schiller) bis zu Schillers Tod (1805) datiert wird.

Schöpferische Phase

Angeregt vom Austausch mit Goethe verfasst Schiller zahlreiche Gedichte, Balladen und Stücke. 1799 wird die „Wallenstein"-Trilogie („Wallensteins Lager", „Piccolomini", „Wallensteins Tod") in Weimar uraufgeführt. Im selben Jahr wird „Das Lied von der Glocke" veröffentlicht. Ein Jahr später, 1800, folgt die Uraufführung des Stückes „Maria Stuart". 1801 feiert das Drama „Die Jungfrau von Orleans" in Leipzig Premiere. Im November 1802 wird Schiller geadelt. Er darf sich fortan Friedrich von Schiller nennen. 1804 schließlich wird sein Theaterstück „Wilhelm Tell" in Weimar uraufgeführt.

Schillers Tod

Ende April 1805 erleidet Schiller bei einem Theaterbesuch einen Fieberanfall. Am 9. Mai stirbt er im Alter von 45 Jahren. Zwei Tage später wird er auf dem Jakobsfriedhof in Weimar beigesetzt.

Schillers Gesellschafts- und Menschenbild

Glaube und Religion spielten in Schillers Leben durchgängig eine wichtige Rolle. Zugleich wurde er jedoch auch geprägt vom Gedankengut des Zeitalters der Aufklärung (1650–1800), das versuchte, die Welt und den Menschen rein vernünftig und naturwissenschaftlich zu erklären, sowie der Französischen Revolution. Er beschäftigte sich intensiv mit Philosophie, insbesondere mit Immanuel Kant (1724–1804).

Die doppelte Natur des Menschen

Im Laufe der Jahre wandelte sich Schiller vom leidenschaftlichen Stürmer und Dränger zum deutlich besonneneren Klassiker. Dennoch blieben Gefühl und Glaube für ihn stets von zentraler Bedeutung. Für ihn war der Mensch ein zugleich geistiges und sinnliches Wesen. Im Gegensatz zu manchen Anhängern der Aufklärung wollte er den Menschen nicht auf ein Verstandeswesen reduzieren. Auch von Kant unterschied sich Schiller dadurch, dass für ihn im Idealfall Vernunft *und* „Herz" bzw. Gefühle die Grundlagen menschlichen Handelns bildeten.

Freiheitsstreben im Einklang mit Vernunft und Gefühl

Schiller sah die Aufgabe der Erziehung und einer idealen Gesellschaft darin, Vernunft und Gefühl bzw. Sinnlichkeit in eine harmonische Balance zu bringen. Das moralische und gesellschaftliche Handeln des Menschen sollte also nicht nur auf vernünftigen Argumenten, sondern auch auf einem inneren, sinnlichen, emotionalen Bedürfnis basieren. Nur dann konnten seiner Auffassung nach die politischen Ideale der Aufklärung – Freiheit, Gleichheit und Brüderlichkeit – in einem Staat verwirklicht werden. Insbesondere der Freiheitsdrang war für Schiller ein zentrales Thema, das sein gesamtes Schaffen durchzog.

Naturrecht als moralische Grundlage

In Schillers Werk und beispielhaft im Drama „Wilhelm Tell" schlägt sich das Gedankengut der Aufklärung auch darin nieder, dass Schiller dieses menschliche Freiheitsstreben mit dem Naturrecht begründet. Unter Naturrecht verstanden die Aufklärer gewisse naturgegebene Menschenrechte (etwa das Recht auf Freiheit), die jeder Mensch von Geburt an besitzt und die ihm auch nicht genommen werden dürfen. Sie sind „unveräußerlich". Für viele Aufklärer ersetzte das Naturrecht Gott bzw. das göttliche Recht als moralische Grundlage. Für Schiller jedoch ergänzt sich beides. Glaube und Vernunft werden für ihn dadurch vereinbar. Im Drama „Wilhelm Tell" erscheinen Naturrecht und göttliches Recht im Grunde austauschbar.

Anklänge an Rousseau im Drama „Wilhelm Tell"

Mit den Erinnerungen an eine harmonische Ur-Schweiz und ein Leben im Einklang mit der Natur, die Schiller im Drama „Wilhelm Tell" wachruft, knüpft er auch an die Vorstellungen des französischen Aufklärers Jean-Jacques Rousseau (1712–1778) an. Rousseau ging davon aus, dass der Mensch von Natur aus gut sei und die Menschheit ursprünglich in einem idyllischen Naturzustand lebte. In der modernen Zivilisation bzw. durch die Unterdrückungsherrschaft absolutistischer Monarchen sei dann das Verhältnis Mensch und Natur aus dem Gleichgewicht geraten. Aufgabe einer modernen bürgerlichen Gesellschaft sei es demnach, dieses Gleichgewicht wiederherzustellen und dafür zu sorgen, dass das Naturrecht bzw. die Menschenrechte nicht länger verletzt würden.

Jean-Jacques Rousseau

Auseinandersetzung mit der Französischen und Amerikanischen Revolution

Wie viele andere Gelehrte und Künstler in Deutschland war Schiller vom Ausbruch der Französischen Revolution 1789 begeistert. Er war ein glühender Verfechter der Werte, die sich die Revolutionäre auf die Fahnen geschrieben hatten: Freiheit, Gleichheit, Brüderlichkeit.

Hoffnung auf ein zweites Amerika

Vom Ende der Adelsherrschaft erhoffte er sich den Beginn eines neuen Zeitalters der Vernunft. Er glaubte daran, dass in Frankreich nach dem Vorbild der Amerikanischen Revolution (1763–1783) ein bürgerlicher Staat auf der Grundlage des Naturrechts und zum Schutz der Menschenrechte entstehen würde.

Die amerikanischen Revolutionäre hatten im Kampf gegen die britische Besatzungsmacht in ihrer Unabhängigkeitserklärung vom 4. Juli 1776 formuliert: „Wir halten diese Wahrheiten für ausgemacht, dass alle Menschen gleich erschaffen worden, dass sie von ihrem Schöpfer mit gewissen unveräußerlichen Rechten begabt worden, worunter sind Leben, Freiheit und das Bestreben nach Glückseligkeit."

Amerikanische Unabhängigkeitserklärung

Und tatsächlich verabschiedeten die französischen Revolutionäre am 26. August 1789 eine „Erklärung der Menschen- und Bürgerrechte", die unter anderem das Recht auf Meinungs- und Pressefreiheit, Religionsfreiheit, aber auch ein Widerstandsrecht gegen Unterdrückung enthielt. Die Erklärung beginnt mit den Worten: „Von ihrer Geburt an sind und bleiben die Menschen frei und an Rechten einander gleich."

Erklärung der Menschen- und Bürgerrechte

Zu Beginn der Französischen Revolution hoffte Schiller außerdem noch, dass der revolutionäre Funke nach Deutschland überspringen würde. Nach Schillers Vorstellungen sollte sich das in viele Kleinstaaten zersplitterte deutsche Reich nach dem Vorbild Amerikas und Frankreichs zu einer geeinten bürgerlichen Nation verbinden.

Vorbildcharakter der Französischen Revolution

Die anfängliche Begeisterung legte sich jedoch rasch und schlug schließlich in offenen Abscheu um, als die Französische Revolution unter dem Einfluss der Jakobiner, einer Gruppe radikaler Revolutionäre, immer gewalttätiger wurde. Es entstand eine Terrorherrschaft („la Terreur", 1793–94), während der nicht nur Adlige, sondern alle scheinbaren Feinde der Revolution massenhaft hingerichtet wurden. Auch viele ehemalige Revolutionäre landeten unter der Guillotine. Gegen Ende des Jahrhunderts hatte in Frankreich dann Napoleon Bonaparte (1769–1821) als „Erster Konsul" die Macht übernommen. 1798 wurde die Schweiz von den Truppen Napoleons besetzt. Die Eidgenossenschaft wurde in eine „Helvetische Republik" unter der Führung Frankreichs umgestaltet.

Die Schreckensherrschaft

Darstellung der Erklärung der Menschen- und Bürgerrechte von 1789

Abschreckendes Beispiel

Schiller sah in der Kriegspolitik Napoleons und den blutigen Auswüchsen der Französischen Revolution ein abschreckendes Beispiel. Im Drama „Wilhelm Tell" schlägt sich das darin nieder, dass die Eidgenossen eine möglichst friedliche Revolution anstreben und immer wieder vor Rachegedanken und Eigennutz warnen. Auch der Königsmörder Johannes Parricida verkörpert indirekt den Typus eines Revolutionärs, der nur zum eigenen Vorteil und aus Rachlust handelt.

Der Befreiungskampf der Schweizer orientiert sich im Drama „Wilhelm Tell" stattdessen am Vorbild der Amerikanischen Revolution. Wie die Schweizer bei Schiller kämpften auch die Amerikaner in ihrem Unabhängigkeitskrieg gegen eine (die britische) Fremdherrschaft. Die Befreiung von der Fremdherrschaft geht in beiden Fällen einher mit der Gründung eines freiheitlichen bürgerlichen Staates im Einklang mit dem Naturrecht.

Amerika als Vorbild

Regeldrama – das klassische Fünfaktschema

Das klassische Regeldrama folgt nach dem Vorbild antiker Dramen und insbesondere der Dramenlehre des Philosophen Aristoteles (384 v. Chr. – 322 v. Chr.) einem Aufbau in fünf Akten.
Jeder Akt erfüllt dabei eine bestimmte dramaturgische Funktion:

1. Akt = Exposition
Die wichtigsten Figuren werden eingeführt. Man erfährt, wann und wo das Stück spielt. Die wesentlichen Grundkonflikte des Dramas deuten sich bereits an.

Exposition

2. Akt = steigende Handlung
Die Konflikte treten deutlicher hervor und spitzen sich zu.

Steigende Handlung

3. Akt = Höhe- und Wendepunkt
Der Konflikt erreicht seinen Höhepunkt. Die Handlung nimmt jetzt die entscheidende Wende entweder zu einem glücklichen Ende bzw. einer Lösung des Konfliktes oder zu einem tragischen Ende bzw. zur Katastrophe.

Höhe- und Wendepunkt

Fallende Handlung

4. Akt = fallende Handlung
Die Handlung strebt ihrem Ende entgegen. Die Lösung bzw. Katastrophe wird aber noch einmal verzögert. Bis zum glücklichen Ende muss noch ein letztes Hindernis, eine Krise, überwunden werden. Die Katastrophe kann auch durch einen letzten Rettungsversuch nicht verhindert werden.

Schluss: Lösung oder Katastrophe

5. Akt = Schluss (Lösung oder Katastrophe)
Die Konflikte werden entweder aufgelöst (Lösung und glückliches Ende) oder führen zur Katastrophe (tragisches Ende).

Das klassische Fünfaktschema

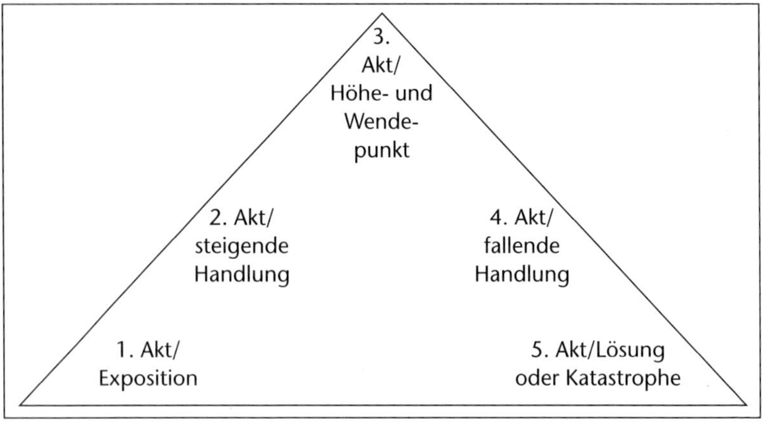

Der Aufbau von Schillers Drama „Wilhelm Tell" folgt mit einigen Einschränkungen diesem klassischen Fünfaktschema.

Exposition

Im 1. Akt werden die wichtigsten Figuren (Tell, die Eidgenossen und indirekt auch der Reichsvogt Geßler) eingeführt. Ort (Schweiz) und historischer Hintergrund (Spätmittelalter, 13./14. Jahrhundert) werden erkennbar. Auch die zentralen Konflikte des Stückes, die Unterdrückung des Schweizer Volkes sowie die Auseinandersetzung zwischen Tell und Geßler, bahnen sich bereits an.

Im 2. Akt spitzen sich die Konflikte zu. Es kommt zum Streit zwischen dem Adligen Attinghausen, der die Schweizer unterstützt, und seinem Neffen Rudenz, der sich den Österreichern anschließt. Die Eidgenossen leisten den Rütlischwur und planen den Aufstand.

Steigende Handlung

Im 3. Akt erreicht der Konflikt mit Tells Apfelschuss seinen Höhepunkt. Tell ist bereit, Geßler zu töten. Er kann sich nun nicht länger aus dem Aufstand der Eidgenossen heraushalten. Und auch Rudenz vollzieht einen entscheidenden Wandel und schließt sich wieder den Schweizern an.

Höhe- und Wendepunkt

Im 4. Akt wird die Lösung des Konfliktes, der erfolgreiche Schweizer Volksaufstand, durch Tells Gefangenschaft und den Tod Attinghausens verzögert. Tell aber gelingt es, sich zu befreien, und Rudenz will im Sinne seines Onkels die Eidgenossen unterstützen. Tells Tyrannenmord leitet zum Schluss des Stückes über. Der Tod Geßlers am Ende des Aktes ist zugleich das Signal für den Aufstand.

Fallende Handlung

Der Schweizer Volksaufstand ist erfolgreich, das Schweizer Volk im 5. Akt befreit. Tell hat sich, seine Familie und sein Volk gerettet. Auch Rudenz und Berta blicken einer glücklichen Zukunft entgegen.

Lösung

Schiller weicht in seinem Stück jedoch insofern von den Vorgaben eines Regeldramas ab, als er mehr als bloß einen Handlungsstrang entfaltet. Mit dem Befreiungskampf der Eidgenossen und der Auseinandersetzung zwischen Tell und Geßler entwickelt er zwei Haupthandlungen parallel zueinander. Beide Handlungsstränge beleuchten unterschiedliche Aspekte desselben Konfliktes: die politische und die persönliche Unterdrückung. Mit der Liebesgeschichte von Rudenz und Berta sowie der Flucht des Königsmörders Johannes Parricida streut Schiller zudem noch weitere Nebenhandlungen in sein Stück ein. Die von Aristoteles geforderte Einheit der Handlung erfüllt das Drama „Wilhelm Tell" daher nicht.

Keine Einheit der Handlung

Haupt- und Nebenhandlungen im Drama „Wilhelm Tell"

1. Haupthandlung: Befreiungskampf der Eidgenossen
2. Haupthandlung: Auseinandersetzung zwischen Tell und Geßler

Nebenhandlung: Rudenz' Wandel durch seine Liebe zu Berta

Kontrasthandlung: der eigennützige Königsmord Parricidas

Die drei Einheiten

Neben der Einheit der Handlung fordert das Regeldrama auch die Einheit von Zeit und Ort.
Die „Einheit der Handlung" ist garantiert, wenn in einem Drama ein einziges Handlungsgeschehen entwickelt wird. Parallel- und Neben- bzw. Kontrasthandlungen, wie sie Schiller in sein Stück eingebaut hat, verstoßen gegen diese Vorgabe.
Die „Einheit der Zeit" ist im Idealfall dann gegeben, wenn das Stück ohne große Zeitsprünge innerhalb nur eines Tages spielt.
Die „Einheit des Ortes" ist erfüllt, wenn das Stück nur an einem Handlungsort spielt.
Schiller setzt sich in seinem Stück über alle drei Einheiten hinweg.

„Wilhelm Tell" – kein Regeldrama

Zusammenfassend lässt sich sagen, dass sich Schiller für sein Drama „Wilhelm Tell" einzelner Regeln des klassischen Dramas bedient. So folgt der Aufbau des Dramas weitgehend dem klassischen Fünfaktschema. Er legt die Regeln jedoch frei aus und scheut sich auch nicht, gegen andere Vorgaben zu verstoßen. Beispielsweise hält er sich nicht an die drei Einheiten der Handlung, der Zeit und des Ortes.

Entstehung und Nationalmythos der Schweiz

Wahrscheinlich hat es Wilhelm Tell nie gegeben. Jedenfalls nicht als einen Nationalhelden, wie Schiller ihn entwirft. Historisch nachweisbar jedenfalls sind weder Tells Apfelschuss noch der Rütlischwur. Die meisten Geschichtswissenschaftler gehen heute davon aus, dass es sich bei den Geschehnissen, die Schiller in seinem Stück verarbeitet, um erfundene Legenden bzw. einen Mythos handelt.

Tell-Denkmal in Altdorf

Tell eine dänische Märchenfigur?

Die „Quellen" und Überlieferungen, die den Gründungsmythos der Schweiz zu belegen scheinen, entstanden erst viele Jahre nach den tatsächlichen Ereignissen. Auch das Geschichtswerk „Chronicum Helveticum" (1734–36), auf das sich Schiller berief, griff auf diese Texte zurück. Zweifel an deren Wahrheitsgehalt gab es jedoch bereits, als Schiller sein Stück verfasste. In ihrer Schrift „Der Wilhelm Tell. Ein dänisches Märchen" behaupteten die Berner Uriel Freudenberger und Gottlieb Emanuel Haller schon 1760, dass es sich bei Tell um eine dänische Sagengestalt handelte. Tatsächlich lässt sich das Motiv des Apfelschusses in mehreren nordischen Märchen nachweisen, die entstanden sind, lange bevor Tell angeblich zu seinem legendären Schuss ansetzte. In Tells Heimatkanton Uri sorgte die Schrift der beiden Berner für Empörung. Es kam zu massiven Protesten, und die Schrift wurde verboten.

Aufklärende Dichtung statt historischer Aufklärung

Obwohl Schiller im Drama „Wilhelm Tell" Gedankengut der Aufklärung vertritt, zeigt er in seinem Stück kein Interesse daran, die tatsächlichen historischen Ereignisse aufzuklären, die zur Gründung der Schweiz führten. Grundsätzlich geht es ihm nicht darum, die Geschehnisse möglichst korrekt wiederzugeben. Seine Schilderungen sollen vielmehr das Ideal eines friedlichen Freiheitskampfes, einer friedlichen Revolution und eines freien bürgerlichen Staates darstellen. Bewusst verdichtet Schiller Ereignisse, die sich in Wirklichkeit über viele Jahre hinweg erstreckten, auf wenige Wochen. Damit nähert er sich der „Einheit der Zeit" zumindest tendenziell an.

Das Heilige Römische Reich

In der historischen Realität jedoch ging der Gründung der Schweiz eine lange Entwicklung voraus. Das Gebiet der heutigen Schweiz gehörte im Mittelalter zum Heiligen Römischen Reich. Dieses Reich war eine Ansammlung zahlreicher Länder, Städte, Fürsten- und Herzogtümer, die innerhalb des Reiches unterschiedliche Stellungen einnahmen. Letztlich hatten sie im König des Reiches aber alle ein gemeinsames Oberhaupt.

Der Kaiser als oberster „Lehnsherr“

Dieser „deutsche König“, der vom Papst zum „Kaiser“ gekrönt werden konnte, war oberster „Lehnsherr“. Im Prinzip gehörte ihm das gesamte Reich. Als Lehnsherr verlieh („Lehen“ und „leihen“ bzw. verleihen hängen wortgeschichtlich zusammen) er Teile seines Landes als „Lehen“ an „Lehnsmänner“. Der Lehnsherr gewährte dem Lehnsmann Schutz. Der Lehnsmann war im Gegenzug dazu verpflichtet, ihm Treue zu schwören und im Falle eines Krieges für ihn zu kämpfen. Der Lehnsmann herrschte zugleich über die Menschen, die auf seinem Lehen lebten. Sie mussten Abgaben an ihn leisten und sogenannte „Frondienste“ für ihn verrichten. Außerdem konnte ein Lehnsmann Teile seines Lehens weiterverleihen und so selbst wiederum zum Lehnsherrn werden.

1273: Uri und Schwyz verlieren Reichsunmittelbarkeit

Mitte des 13. Jahrhunderts schlossen die Schweizer Landschaften Uri und Schwyz vermutlich einen ersten Bund, über den heute aber nichts Näheres bekannt ist. Zum damaligen Zeitpunkt waren die am Vierwaldstättersee gelegenen „Waldstätten“ Uri und Schwyz direkt dem Kaiser unterstellt und damit „reichsunmittelbar“. Dies änderte sich, als 1273 Rudolf von Habsburg zum deutschen König ernannt wurde. Der neue König setzte in Uri und Schwyz „Reichsvögte“ als Verwalter ein. Später gestand er den beiden Waldstätten jedoch wieder zu, zumindest ihre Richter selbst zu bestimmen.

1291: Bündnis als Vorlage für den Rütlischwur

1291 schlossen die Landschaften Uri, Schwyz und Unterwalden ein Bündnis, in dem sie sich gegenseitigen Beistand versicherten. Das Bündnis gilt heute als Gründungsvertrag der Schweiz. Da die Urkunde auf Anfang August datiert ist, ist der 1. August heute der Schweizer Nationalfeiertag. Schiller setzt das Bündnis im Drama „Wilhelm Tell“ als Rütlischwur in Szene. Eine Gründungsversammlung auf dem Rütli lässt sich historisch jedoch nicht belegen.

1297: Adolf von Nassau bestätigt Freiheitsbriefe

Rudolfs Nachfolger, Adolf von Nassau, der kein Habsburger war, bestätigte 1297 die Reichsunmittelbarkeit von Uri und

Schwyz. Er garantierte den beiden Waldstätten in Form von „Freiheitsbriefen“, dass sie ausschließlich dem König unterstellt seien.

1298: Albrecht I. setzt brutale Vögte ein

Als ein Jahr später mit Albrecht I. wieder ein Habsburger den Thron bestieg, änderte sich das erneut. Albrecht I. bestätigte die Freiheitsbriefe von Uri und Schwyz nicht. Stattdessen setzte er besonders brutale Vögte bzw. Verwalter ein. Dadurch wollte er einen Aufstand provozieren, der ihm einen Vorwand liefern sollte, das Gebiet mithilfe der Reichsarmee neu zu ordnen und die Freiheitsbriefe endgültig zurückzuziehen.

1308: Johannes Parricida ermordet den König

Obwohl Albrecht I. nicht zum Kaiser gekrönt wurde, wurde er häufig als solcher angesprochen. Auch Schiller bezeichnet ihn in seinem Stück wahlweise als „König“ oder „Kaiser“. 1308 wurde Albrecht I. von seinem Neffen Johann von Schwaben ermordet. Johann wird daraufhin auch „Parricida“ (Verwandtenmörder) genannt.

14. Jahrhundert: kriegerische Auseinandersetzungen

Heinrich VII., Albrechts Nachfolger, war kein Habsburger. Er bestätigte 1309 die Freiheitsbriefe von Uri und Schwyz. Auch Unterwalden war fortan unmittelbar dem Reich unterstellt. In den folgenden Jahrzehnten kam es zu mehreren kriegerischen Auseinandersetzungen zwischen den Schweizer Waldstätten und den Habsburgern.

1648: Gründung der Schweiz

Bis zur offiziellen Gründung der Schweiz dauerte es jedoch noch mehrere Jahrhunderte. Etliche weitere Landschaften traten während dieser Zeit der Schweizer Eidgenossenschaft bei. Erst 1648 mit dem „Westfälischen Frieden“ nach Ende des „Dreißigjährigen Krieges“ (1618–1648) formierte sich die Schweiz zu einem unabhängigen Staat.

Literarische Einflüsse

Weimarer Klassik

Schillers Drama „Wilhelm Tell“ entstand während der Epoche der Weimarer Klassik (1786–1805). Ein wesentliches Element dieser Epoche war das Streben nach Harmonie und Ausgleich. Anders als noch im leidenschaftlichen Sturm und Drang (1765–1785) suchten die Dichter nun den Ausgleich zwischen Gefühl und Vernunft. Dabei orientierten sie sich an Werken der Antike. Wie bei den antiken Vorbildern sollten menschliche und gesellschaftliche Grundfragen in einer gehobenen Sprache veranschaulicht werden.

Shakespeare: „Julius Caesar“

An die formalen Vorgaben eines klassischen antiken Dramas hielt sich Schiller jedoch nur bedingt (vgl. „Hintergründe“: „Regeldrama“, S. 67 ff.). Vermutlich orientierte er sich in einigen Szenen formal auch an William Shakespeares Stück „Julius Caesar“. Während er am Drama „Wilhelm Tell“ arbeitete, besuchte er eine Aufführung des Stückes.

Aegidius Tschudi: „Chronicon Helveticum“

Inhaltlich haben Schiller Abhandlungen über die Schweizer Geschichte und den Tell-Mythos stark beeinflusst. Vor allem Aegidius Tschudis Chronik „Chronicon Helveticum“ (entstanden 1534–36; veröffentlicht 1734–36) nutzte er als stoffliche Quelle. Aber auch die ersten Bände von Johannes von Müllers „Die Geschichten der Schweizer“ (1780–1808) und Gottlieb Emanuel von Hallers „Bibliothek der Schweizer Geschichte“ (1785–87) verwendete er vermutlich als geschichtliche Grundlage.

Gedankengut der Aufklärung

Zumindest indirekt beeinflusst wurde das Drama „Wilhelm Tell“ außerdem von philosophischen Schriften aus dem Zeitalter der Aufklärung (1650–1800), insbesondere Immanuel Kants (1724–1804) und Jean-Jacques Rousseaus (1712–1778). Thematisch greift Schiller beispielsweise deren Überlegungen zu Vernunft, Naturrecht und Widerstandsrecht auf und entwickelt daraus den Idealfall eines revolutionären Freiheitskampfes (vgl. „Hintergründe“: „Schillers Gesellschafts- und Menschenbild“, S. 62 ff.).

Die Entstehungsgeschichte des Dramas „Wilhelm Tell“

Schiller kannte die Schweiz nur aus Büchern und Erzählungen. Selbst war er nie dort.

1797: Goethe macht Schiller auf Tell aufmerksam

Das erste Mal wurde er vermutlich durch Goethe, der die Schweiz zwischen 1775 und 79 zwei Mal bereist hatte, auf den Tell-Stoff aufmerksam gemacht. In einem Brief an Schiller (14. Oktober 1797) berichtete Goethe von seiner Idee, „die Fabel vom Tell“ episch zu bearbeiten. Schiller bestärkte Goethe darin. Dieser aber setzte seinen Plan nie in die Tat um. Der Dichter und enge Vertraute Goethes, Johann Peter Eckermann (1792–1854), behauptete später, Goethe habe sich in einem Gespräch mit ihm daran erinnert, dass er den Tell-Stoff damals Schiller überlassen habe, weil er selbst keine Zeit gehabt habe, ihn umzusetzen. Ob das tatsächlich so war, ist heute jedoch umstritten.

1801/02: Schiller recherchiert den Tell-Stoff

Möglicherweise beschäftigte sich Schiller bereits zu Beginn des Jahres 1801 mit dem Tell-Stoff. Angaben, wonach schon im Frühjahr einzelne Szenen seines Dramas vollständig ausgearbeitet gewesen seien, werden heute allerdings bezweifelt. Fest steht, dass Schiller zwischen Ende 1801 und März 1802 zum Hintergrund der Tell-Sage recherchierte. Er entlieh mehrere Geschichtsbände, darunter auch „Chronicon Helveticum“, aus der Weimarer Bibliothek. Die weitere Arbeit am Drama „Wilhelm Tell“ verzögerte sich jedoch, da Schiller zunächst die Tragödie „Die Braut von Messina“ (1803) fertigstellte.

1803/04: Schiller vollendet das Drama „Wilhelm Tell“

Ab Mitte des Jahres 1803 widmete er sich dann intensiv der Arbeit am Drama „Wilhelm Tell“. In den folgenden Monaten vollendete er trotz seiner angeschlagenen Gesundheit eine erste Fassung des Stückes. Am 18. Februar 1804 notierte er in seinem Kalender: „Den Tell geendigt.“ Am 17. März wurde das Stück am Weimarer Hoftheater uraufgeführt.

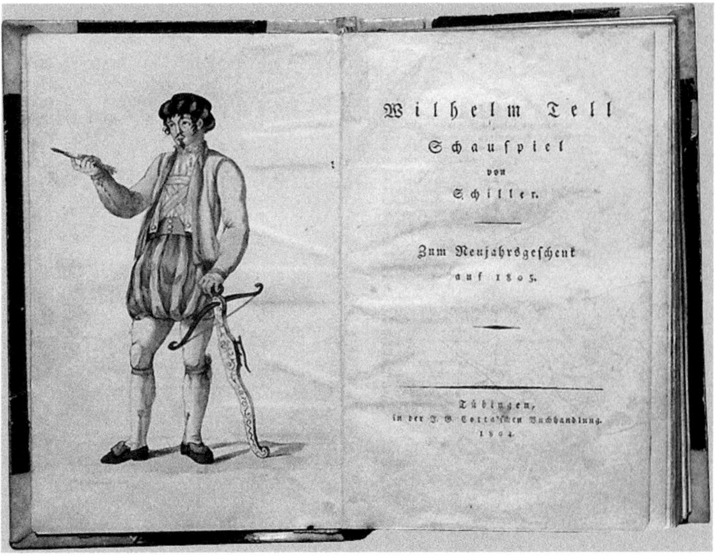

Schillers Drama im Erstdruck von 1804

Wirkung und Rezeption

Zeitgenössische Reaktionen

Die Weimarer Uraufführung des Stückes am 17. März 1804 war ein Erfolg. Bis zum Juni des Jahres folgten drei zusätzliche Aufführungen. Noch zu Schillers Lebzeiten war das Drama „Wilhelm Tell" in zahlreichen weiteren deutschen Städten zu sehen. So in Berlin, Hamburg und Frankfurt. Doch trotz des großen Publikumszuspruches war die Begeisterung, die das Stück auslöste, keineswegs einhellig. Die zeitgenössischen Reaktionen in Briefen und Theaterkritiken belegen auch, dass Schillers Stück nicht allen gefiel. Bemängelt wurden insbesondere die Länge des Stückes (die Uraufführung dauerte fünf Stunden) und seine uneinheitliche Gestaltung, die viele eher an Shakespeare als an antike Vorbilder erinnerte. Eher verhalten fielen Ende 1804 die ersten Kritiken der Buchausgabe von „Wilhelm Tell" aus.

Lob und Kritik der Romantiker

Zwiespältig waren auch die Einschätzungen der Dichter und Literaturwissenschaftler in der Epoche der Romantik (1798–1835). Während sich August Wilhelm Schlegel (1767–1845) tendenziell lobend über das Stück äußerte, empfand es Ludwig Tieck (1773–1853) als lückenhaft und zerfasert. Für den Literaturwissenschaftler Karl Wilhelm Ferdinand Solger (1780–1819) zählte es gar zu den schlechtesten Stücken Schillers.

Ein deutscher Nationaldichter?

Insbesondere Tieck störte sich jedoch nicht nur an dem Theaterstück selbst, sondern auch an den vielen begeisterten Reaktionen, die es auslöste. Vor allem, dass Schiller in den Rang eines deutschen Nationaldichters erhoben wurde, lehnte er ab.

Im Laufe der Zeit wurden Schiller und sein Stück „Wilhelm Tell" dennoch immer wieder und von verschiedenen Seiten politisch vereinnahmt.

Von 1848 zur Arbeiterbewegung

So beriefen sich die Revolutionäre von 1848, die Deutschland in einen demokratischen Nationalstaat umwandeln wollten, ebenso auf den „vaterländischen" Dichter und den Freiheitskampf aus dem Stück „Wilhelm Tell" wie 1870 die nationalgesinnten Preußen im Deutsch-Französischen Krieg. 100 Jahre nach Schillers Tod entfachte das Drama „Wilhelm Tell" zu Beginn des 20. Jahrhunderts dann innerhalb der Arbeiterbewegung eine Debatte darüber, wie revolutionär das Stück wirklich sei.

Das Drama „Wilhelm Tell" im Nationalsozialismus

Offensichtlich konnte es bei einseitiger Lesart für jede Seite Argumente liefern. Auch die Nationalsozialisten deuteten das Drama „Wilhelm Tell" zunächst in ihrem Sinne zu einem Paradestück der „nationalen Erhebung" um. Anlässlich von Hitlers Geburtstag wurde das Drama gar am 20. April 1938 im Wiener Burgtheater aufgeführt. Auf Dauer aber war der Freiheitsgeist des Stückes mit dem nationalsozialistischen Unrechtsregime nicht vereinbar. Zu offensichtlich erschienen schließlich auch den Nationalsozialisten die Parallelen zwischen den beiden österreichischen Tyrannen

Geßler und Hitler. Im Juni 1941 wurden in einem geheimen Befehl weitere Aufführungen des Stückes verboten.

Nach dem Zweiten Weltkrieg

Nach dem Zweiten Weltkrieg wurde das Drama „Wilhelm Tell" wieder zahlreich aufgeführt und zugleich fester Bestandteil der Schullektüre. Vereinnahmt und kontrovers diskutiert wurde das Stück jedoch auch weiterhin. In der DDR interpretierte man das Drama „Wilhelm Tell" offiziell als Vorläufer und Wegbereiter der sozialistischen Revolution. Im Westen beriefen sich in den 1960er- und 1970er-Jahren Teile der sozialen Protestbewegungen, aber auch Terroristen und Attentäter auf die Thematik des Dramas „Wilhelm Tell" und die Widerstandshaltung seines Protagonisten.

Inszenierung von Schillers Drama bei den Altdorfer Tellspielen 2012

Max Frischs ironische Kritik

In seinem Buch „Wilhelm Tell für die Schule" setzte sich der Schweizer Schriftsteller Max Frisch (1911–1991) 1971 ironisch mit diesen Vereinnahmungen von Schillers Drama auseinander. Dabei kritisierte er das Stück indirekt als ideologisch, im Grunde konservativ und nationalistisch.

„[M]issverstanden und missbraucht"

Der Schweizer Literaturwissenschaftler Walter Muschg (1898–1965) schrieb 1965 in seinen „Studien zur tragischen Literaturgeschichte" rückblickend über die „Wilhelm Tell"-Rezeption und Schiller: „Vielleicht wurde nie ein Dichter so missverstanden und missbraucht wie er." Bis heute ist Schillers Drama „Wilhelm Tell" nicht unumstritten.

Populär und wirkungsmächtig

Fest steht jedoch, dass das Drama „Wilhelm Tell" zu den populärsten und wirkungsmächtigsten Stücken Schillers gehört. Nicht nur in der Politik, der Welt- und natürlich in der Literaturgeschichte hinterließ das Drama seine Spuren, sondern auch in der deutschen Sprache. Redewendungen wie „Der Starke ist am mächtigsten allein." (V. 437), „Früh übt sich, was ein Meister werden will." (V. 1481) oder „Die Axt im Haus erspart den Zimmermann." (V. 1514) sind bis heute gebräuchlich.

Das Drama „Wilhelm Tell" in der Schule

Der Blick auf die Figuren: Die Personencharakterisierung

Eine literarische Figur charakterisieren – Tipps und Techniken

In einer literarischen Charakterisierung analysiert man neben den äußeren Merkmalen besonders die inneren Wesenszüge einer literarischen Figur. Auf diesem Wege gelangt man zu einer Gesamtinterpretation der Figur. Sämtliche Elemente der Charakterisierung – äußere Merkmale, charakterisierende Aussagen sowie weiterführende Deutungen – basieren auf der Textvorlage. Bei einem dramatischen Text ist es dabei wichtig, nicht nur die Figurenrede zu untersuchen, sondern auch die Regieanweisungen. Durch direkte und indirekte Textbelege lassen sich die Aussagen über die zu charakterisierende Figur in nachvollziehbarer Weise begründen.

Für die Erarbeitung einer literarischen Charakterisierung können unter anderem folgende Aspekte und Leitfragen von Bedeutung sein:

1. **Personalien und sozialer Status**
   - Was erfahren wir über den Namen, das Geschlecht, das Alter und den Beruf der Figur?
   - Werden auffällige äußere Merkmale beschrieben?
   - Wie stellen sich die Lebensverhältnisse und das soziale Umfeld der Figur dar?
   - Gibt es Informationen zur Vorgeschichte der Figur?

2. Wesentliche Charaktereigenschaften
- Zeigt die Figur typische Verhaltensweisen und Gewohnheiten?
- Was sind ihre hervorstechenden Wesensmerkmale und Charakterzüge?
- Welche Umstände prägen und bestimmen ihre Existenz?
- Welches Bild hat die Figur von sich selbst?
- Welche inneren Einstellungen, welches Weltbild hat die Figur?
- Zeigt die Figur eine Veränderung in ihren äußeren Merkmalen bzw. eine innere Entwicklung?
- Wie wird sie durch die anderen Figuren wahrgenommen?
- Welcher Art sind die Beziehungen zwischen der Figur und anderen Figuren?

3. Sprachgebrauch und Sprachverhalten
- Wie kann man den Sprachgebrauch der Figur allgemein beschreiben (Sprachebene, Sprachstil)?
- Welche Auffälligkeiten lassen sich auf Satz- und Wortebene erkennen (Satzbau, Wortwahl, …)?
- Welche kommunikativen Aussagen werden durch die nonverbale Kommunikation (Gestik, Mimik, Körperhaltung) transportiert?
- Welches Gesprächsverhalten, welche Gesprächsstrategien verfolgt die Figur?

4. Zusammenfassende Bewertung
- Wie lässt sich die Funktion der Figur für das Drama beschreiben?
- Welche Gesamtdeutung der Figur ergibt sich aus den gewonnenen Erkenntnissen?

Diese Zusammenstellung dient als „Checkliste“ für die Erarbeitungsphase der Charakterisierung.

Die folgenden Kurzcharakterisierungen der wichtigsten Figuren des Dramas bieten die wesentlichen Anhaltspunkte für die Gestaltung einer Charakterisierung.

Wilhelm Tell – die Titelfigur

Wilhelm Tell: Stahlstich von Johann Leonhard Raab (um 1859)

1. Personalien und sozialer Status

Wilhelm Tell ist ein freier „Alpenjäger" (V. 1505) aus Bürglen (vgl. V. 126) in der Nähe des Vierwaldstättersees im heutigen Kanton Uri in der Schweiz. Er ist kräftig und stark (vgl. V. 1523f., V. 2240f.). Seine Frau Hedwig ist die Tochter des freien Bauern Walter Fürst. Tell hat zwei kleine Söhne, Walter und Wilhelm, die er beide gleichermaßen liebt (vgl. V. 1881). Er lebt zurückgezogen mit seiner Familie in der Natur. Aus Politik und Gesellschaft hält er sich anfangs weitgehend heraus (vgl. V. 437). Die Jagd (vgl. V. 1487ff.) und die Familie (vgl. V. 416) bestimmen seinen Alltag.

2. Wesentliche Charaktereigenschaften

2.1 Mutig und hilfsbereit

Gleich bei seinem ersten Auftritt erweist sich Tell als überaus stark, geschickt, mutig und hilfsbereit. Ohne lange zu zögern, fährt er Baumgarten über den stürmischen See (vgl. 1. Aufzug, 1. Szene, V. 152). Sein Mut und seine Hilfsbereitschaft, das verdeutlicht diese Szene, gehen über das gewöhnliche Maß hinaus. Tell gilt zwar als herausragender Schütze (vgl. V. 1874ff.) und Steuermann (vgl. V. 2196f., V. 2240ff.), trotzdem setzt er mit der Überfahrt sein Leben aufs Spiel. Der Fischer Ruodi, der ebenfalls „ein Meister-Steuermann" (V. 161) ist, traut sich diese Fahrt nicht zu und versagt Baumgarten die Hilfe (vgl. V. 114ff.). Der furchtlose und heldenhaft selbstlose (vgl. V. 139) Tell wird entsprechend als einzigartig charakterisiert: „Es gibt nicht zwei, wie der ist, im Gebirge." (V. 164) So wie er vom Volk bewundert wird, fürchten ihn seine Feinde (vgl. das Aufeinandertreffen mit Geßler im Gebirge, 3. Aufzug, 1. Szene, S. 58f.).

2.2 Tatmensch

Kurzentschlossen schreitet Tell zur Tat, als es gilt, Baumgarten zu helfen. Über mögliche Gefahren denkt er dabei ebenso wenig nach wie über Konsequenzen. Vielmehr tut er das, was sein Gewissen und der Moment von ihm verlangen (vgl. V. 148f.): „Ich hab getan, was ich nicht lassen konnte." (V. 160) Vor allem zu Beginn des Stückes zeigt sich Tell als ein Mann der Tat und nicht der Worte (vgl.

V. 148, V. 440 ff.). Er handelt oftmals unüberlegt, jedoch stets im Vertrauen auf Gott (vgl. V. 140, V. 1510, V. 2098, V. 2229, V. 2246, V. 2262). Das macht ihn zu einem guten Menschen, aber schlechten Politiker.

2.3 Politisch naiv

Tell selbst ist sich dessen sehr wohl bewusst: „Ich kann nicht lange prüfen oder wählen" (V. 443). Vermutlich deshalb nimmt er auch nicht am Rütlischwur teil (vgl. V. 1097). Mehrfach schätzt er die politische Lage falsch ein. So vertraut er darauf, dass die Tyrannenherrschaft von allein ende, wenn das Volk nur geduldig abwarte (vgl. V. 422–431). Auch irrt er sich, wenn er glaubt, Geßler werde ihn „in Frieden lassen" (V. 1547), weil er Angst vor ihm habe (vgl. S. 58 f.). Das Gegenteil ist der Fall, wie Tells weitblickende Ehefrau Hedwig zurecht vermutet (vgl. V. 1571 f.). Tell entpuppt sich hier als politisch naiv. Er ist kaum in der Lage, in die Zukunft zu blicken. Vielmehr lebt er in der Gegenwart. Er handelt spontan, aus der Situation und dem Bauch heraus. Nicht rationale Erwägungen, sondern ein untrügliches emotionales, moralisches Gespür bestimmen sein Handeln.

2.4 Familienmensch

Ähnlich wie der zeitliche Horizont ist auch Tells räumlicher Horizont begrenzt. So wie er kaum über die Gegenwart hinaus plant, denkt er auch kaum über seine unmittelbare Umgebung hinaus. Der Beruf des Jägers kennzeichnet ihn als Einzelgänger (vgl. V. 1487 ff.; vgl. auch V. 437). Die Familie ist sein wichtigster Bezugspunkt, jedoch nicht nur seine Familie, sondern generell die Familie als soziale Gemeinschaft (vgl. V. 1527–1529). Die Familie ist ihm wichtiger als die Politik (vgl. V. 416). Deshalb greift er auch erst aktiv in die Politik ein, nachdem Geßler den Vater Wilhelm Tell dazu gezwungen hat, auf seinen Sohn Walter zu zielen (vgl. 3. Aufzug, 3. Szene). Tell tötet Geßler in erster Linie, um seine Familie zu schützen (vgl. V. 3177–3185), weniger aus politischen Gründen. Geßlers Angriff auf Tells Familie verursacht bei Tell einen grundlegenden Wandel: Er kann sich nicht länger aus der Politik heraushalten und greift nun entscheidend in den Befreiungskampf der Schweizer ein.

3. Sprachgebrauch und Sprachverhalten

Als Mann der Tat spricht Tell anfangs nur wenig. Er sagt nur das Nötigste, meistens in kurzen, einfachen Sätzen. Auffällig häufig verwendet er Sentenzen, allgemeingültige Sinnsprüche, mit denen er sein Handeln oder seine Meinung begründet, ohne wirklich darüber nachzudenken (vgl. u. a.: V. 139, V. 387, V. 422, V. 429, V. 437, V. 1481, V. 1524 usw.). Dass er sich anfangs stets auf solche Allgemeinplätze beruft, verdeutlicht, dass er ein ganz normales, geregeltes Leben im Einklang mit der Natur führt.

Erst als diese Harmonie gewaltsam gestört wird, ändert sich auch sein Sprachverhalten: In der 3. Szene des 4. Aufzugs rechtfertigt er in einem langen Monolog den Tyrannenmord (vgl. S. 91–94). Und auch im Gespräch mit Parricida (vgl. 5. Aufzug, 2. Szene, S. 112–116) zieht er sich nicht länger auf volkstümliche Lebensweisheiten zurück. Das veränderte Sprachverhalten signalisiert ein verändertes Bewusstsein. Die Armbrust hat er beiseitegelegt (vgl. V. 3137ff.), der Einzelgänger ist Teil einer neuen Gemeinschaft geworden (vgl. 5. Aufzug, letzte Szene, S. 116f.).

4. Zusammenfassende Bewertung

Der Alpenjäger Tell lebt in Einheit mit der Natur und den moralischen Naturgesetzen, dem „Naturrecht“. Er ist stark, tapfer und aufrichtig. Als Naturmensch und Mann der Tat eignet er sich jedoch nicht zum Politiker. Er versteht es nicht, Pläne zu machen und abzuwägen. Vielmehr handelt er instinktiv seinem Gewissen folgend und aus der jeweiligen Situation heraus. Die Familie ist für ihn dabei der wichtigste Bezugspunkt. Das verleiht ihm einen volkstümlichen Charakter. Als leidenschaftlicher Held und Kraftmensch trägt er jedoch auch Züge des Sturm und Drang. Im Sinne von Schiller verkörpert er das „Herz“ der Aufklärung, wohingegen die Eidgenossen, die den Rütlischwur leisten, für den „Kopf“ bzw. die Vernunft stehen. Erst durch die Bedrohung seiner Familie erweitert sich auch Tells politisches Bewusstsein.

Hermann Geßler

1. Personalien und sozialer Status

Der von Schiller wahlweise als Reichsvogt oder Landvogt bezeichnete Hermann Geßler ist als kaiserlicher Verwalter (Vogt) für die Landschaften Schwyz und Uri zuständig. Über die reine Verwaltung hinaus besitzt er auch die Macht, Recht zu sprechen (vgl. 3. Aufzug, 3. Szene) und neue Vorschriften und Gesetze zu erlassen (vgl. 4. Aufzug, 3. Szene, V. 2785). Als „jüngrer Sohn“ (V. 267) gehört ihm kein eigenes Land. Als Vogt ist er ein Untergebener des Kaisers (vgl. V. 2710 f.) und im Gegensatz zu den freien Schweizer Bauern (vgl. V. 265 ff.) nicht sein eigener Herr. Er wird zwar stets von einem großen Gefolge begleitet, scheint jedoch weder eine Familie noch Freunde um sich zu haben. Vom Schweizer Volk wird er gleichermaßen gehasst wie gefürchtet. Als er stirbt, kommt ihm niemand zu Hilfe (vgl. S. 99 f.). Im Gegenteil: Die Menge jubelt über den Tod des Tyrannen (vgl. V. 2822).

2. Wesentliche Charaktereigenschaften
2.1 Grausamer Tyrann

Der Landvogt Geßler verkörpert die unterdrückerische Herrschaft der Habsburger. Sein erklärtes Ziel ist es, das Schweizer Volk zu unterjochen und jeden Gedanken an Widerstand bereits im Keim zu ersticken (vgl. V. 2086, V. 2779–2786). Deshalb lässt er in Altdorf auch den Hut aufstellen, vor dem sich die Schweizer verbeugen sollen (vgl. 1. Aufzug, 3. Szene, vgl. auch V. 2717–2725). Mit geradezu sadistischer Grausamkeit zwingt er Tell, auf seinen Sohn Walter zu zielen (vgl. 3. Aufzug, 3. Szene).

2.2 Unbarmherzig und uneinsichtig

Mit seiner brutalen Gewaltherrschaft glaubt Geßler, die Pflicht gegenüber seinem Herrn, dem Kaiser, zu erfüllen (vgl. V. 2712). Die Strategien, mit denen er diesem – und sich selbst – die Macht über die Schweizer sichern will, sind rücksichtslos und raffiniert zugleich. Geßler ist intelligent. Er weiß, dass sich die Schweizer durch den Hut gedemütigt fühlen. Tell lässt er gefangen nehmen, um so ein Exempel zu statuieren und die Aufständischen zu entmutigen. Er ist jedoch nicht weitsichtig genug, um zu erkennen, dass er mit seiner willkürlichen Schreckensherrschaft den Widerstand der Eidgenossen geradezu herausfordert. Er weiß, dass Tell als Familienvater verwundbar ist, bedenkt jedoch nicht, dass er ihn sich mit dem Apfelschuss zum Todfeind gemacht hat. Auch die Einwände seiner Begleiter finden bei ihm kein Gehör (vgl. S. 70–73, V. 2743ff.). Im gesamten Stück vollzieht Geßler keine charakterliche Entwicklung. Bis zum Schluss bleibt er gnadenlos und unbarmherzig (vgl. V. 2734–2786). Insofern erscheint sein Tod als Folge seines eigenen Handelns.

2.3 Schwach und neidisch

Dass Geßler selbst nicht in der Lage ist, die Konsequenzen seiner Untaten vorherzusehen, liegt möglicherweise daran, dass die Pflichterfüllung gegenüber dem Kaiser nicht die einzige Motivation für sein Handeln ist. Offenbar ist er als „Diener" (V. 2710) des Kaisers auch „neidisch" (V. 260) auf die freien Schweizer und deren Besitztümer (z. B. auf Stauffacher). Vor Tell fürchtet er sich, weil er sich ihm körperlich nicht gewachsen fühlt. Ohne sein Gefolge entpuppt sich Geßler als ängstlich und schwach (vgl. V. 1556ff.). Er neidet Tell dessen Stärke und versucht, mit übermäßiger Grausamkeit seine eigenen Schwächen zu überspielen.

3. Sprachgebrauch und Sprachverhalten

Im Gegensatz zu Tell benutzt Geßler eine gehobene, höfisch anmutende Sprache. Er spricht oft in langen Satzgebilden mit mehreren Nebensätzen und einem ungewöhnlichen Satzaufbau. Die Wortstellungen weichen dabei häufig von der Norm ab („Inversionen"); z. B. in V. 1869: „Dein böses Trachten hast du mir verraten." statt „Du hast mir dein böses Trachten verraten".

Neben Befehlen (vgl. etwa V. 1918, V. 1954, V. 2069) sind vor allem Fragen typisch für sein Sprachverhalten. Damit bekundet Geßler jedoch nicht etwa Interesse an seinen Mitmenschen. Vielmehr erfüllen die Fragen vor allem drei Zwecke. Erstens dienen sie dazu, mögliche Vergehen des Schweizer Volkes zu ermitteln (vgl. V. 1856). Sie sind quasi Bestandteil eines Verhörs. Zweitens versucht Geßler, dem Befragten heimtückisch eine Falle zu stellen, indem er ihn dazu bringt, etwas zu sagen, was er hinterher gegen ihn verwenden kann (vgl. V. 2057). Drittens nutzt er sie als rhetorisches Mittel, um seinen Standpunkt zu unterstreichen (vgl. V. 1865 ff.) oder sich auf boshafte Weise über sein Gegenüber lustig zu machen (vgl. V. 1930). Dieses indirekte Sprechen ist Ausdruck von Geßlers hinterhältigem Wesen. Beispielhaft hierfür ist auch die hämische Ironie, mit der Geßler es so darstellt, als würde er Tell noch einen Gefallen damit tun, wenn er ihn zwingt, auf seinen eigenen Sohn zu schießen (vgl. V. 1931 ff.).

4. Zusammenfassende Bewertung

Geßler ist der Bösewicht des Stückes. Er trägt keinerlei sympathische Züge und entwickelt sich im Laufe des Stückes nicht weiter. Stattdessen verkörpert er als typischer Tyrann eine grausame, menschenverachtende Fremdherrschaft. Er ist feige, hinterhältig, brutal, unberechenbar und kennt kein Mitleid mit seinen Opfern. Vielmehr scheint es ihm ein sadistisches Vergnügen zu bereiten, andere zu terrorisieren und zu demütigen. Er wird getrieben von Machtgier, Hass, Neid und Minderwertigkeitsgefühlen. Neben politischen Motiven bestimmen also auch persönliche Beweggründe Geßlers Handeln. Er ist der politische Unterdrücker des Schweizer Volkes und zugleich der persönliche Feind Tells.

Walter Fürst

1. Personalien und sozialer Status

Der Schwiegervater Tells lebt in Altdorf im heutigen Kanton Uri. Er ist eine Respektsperson, die unter den Schweizern hohes Ansehen genießt (vgl. etwa die Anrede „Herr

Walter Fürst beim Abstieg vom Rütli – Postkarte aus dem Jahr 1904/05

Walter Fürst“, V. 334, V. 458, V. 1096). Als Vertreter Uris ist er einer der drei Eidgenossen und damit maßgeblich am Schweizer Volksaufstand beteiligt.

2. Wesentliche Charaktereigenschaften

Maßvoll und mutig

Walter Fürst gehört der älteren Generation an und verhält sich dementsprechend weise und gemäßigt. Immer wieder mahnt er zur Geduld (vgl. V. 469, V. 491, V. 1850, V. 1921, V. 2853 ff.)

und Vorsicht (vgl. V. 722). Auch beim Rütlischwur drängt er auf ein bedachtes, maßvolles Vorgehen (vgl. V. 1366ff.). Einen radikalen Umsturz lehnt er ab (vgl. V. 1353–1358, V. 1366). Unnötiges Blutvergießen will er vermeiden (vgl. V. 1369, V. 2913f.), Rache verurteilt er (vgl. V. 3013ff.).
An Mut aber fehlt es ihm nicht. Er ist es, der als Erster davon spricht, dass sich die „drei Lande" Uri, Schwyz und Unterwalden gegen die Unterdrücker verbünden könnten (vgl. V. 654f.). Und er zögert nicht, als es gilt, einen Schwur auf „Tod und Leben" (V. 743) zu leisten. Dem jungen Melchthal gewährt er Unterschlupf auf der Flucht und bringt sich dabei selbst in Gefahr (vgl. 1. Aufzug, 4. Szene). Beim Rütlischwur spricht er sich dagegen aus, den Aufstand zu verschieben (vgl. V. 1391 f.).

3. Sprachgebrauch und Sprachverhalten

Seinem Charakter entsprechend redet Walter Fürst relativ wenig. Er wägt seine Worte sorgfältig ab. Oft sind es Mahnungen und Warnungen, die er ausspricht. Gelegentlich schwingt aber auch die Enttäuschung über die Zustände und die Sehnsucht nach der guten alten Zeit in seinen Äußerungen mit (vgl. V. 529, V. 540ff., V. 1098ff.).

4. Zusammenfassende Bewertung

Der weise, mutige und freiheitsliebende Walter Fürst ist ein Vertreter der „alten Zeiten" und der „alte[n] Schweiz" (V. 511), ohne dabei rückwärtsgewandt zu sein. Als Eidgenosse treibt er den Schweizer Volksaufstand mit an. Vor allem aber erfüllt er die Rolle des altersklugen Ratgebers. Besonders den jungen Arnold vom Melchthal mahnt er immer wieder zur Geduld und Zurückhaltung. Damit verkörpert er die Stimme der Vernunft.

Werner Stauffacher

1. Personalien und sozialer Status

Werner Stauffacher ist ein freier Bauer mit eigenem Grund und Boden in Steinen im heutigen Kanton Schwyz. Dort lebt er gemeinsam mit seiner Ehefrau Gertrud in einem prachtvollen Haus (vgl. V. 207ff.). Mit seinem Reichtum und seiner Freiheit zieht er den Neid Geßlers auf sich (vgl. S. 16f.). Stauffacher ist im mittleren Alter. Auch bei den drei Eidgenossen, zu denen er gehört, repräsentiert der Vertreter der Schwyz die mittlere Generation.

2. Wesentliche Charaktereigenschaften
Vorbildlicher politischer Anführer

Stauffacher ist der Kopf der drei Eidgenossen und damit der eigentliche politische Anführer des Schweizer Volksaufstandes. Er besitzt den politischen Weitblick, der Tell zu Beginn fehlt. So ist ihm von Anfang an klar, dass Geßler eine Gefahr für ihn darstellt, weil er ihm seinen Besitz und seinen Status als Freibauer neidet (vgl. S. 16f.). Es ist dieses Wissen, das ihn schließlich zum Handeln veranlasst, allerdings erst, nachdem seine kluge und unerschrockene Frau Gertrud ihm dazu geraten hat (vgl. V. 272–329). Letztlich also ist Gertrud, die Tochter des Schweizer Landammannes Iberg (vgl. V. 240), die geistige Urheberin des Schweizer Volksaufstandes. Anschließend aber ist es dann ihr Mann, der das Heft des Handelns in die Hand nimmt und den Aufstand in die Wege leitet. Er fährt nach Uri zu Walter Fürst und zum Freiherrn von Attinghausen, um mit diesen beiden das weitere Vorgehen zu beraten (vgl. V. 333ff.).
Stauffacher ist es, der den Schwur der drei Eidgenossen formuliert (vgl. V. 737–742), und auch während der Versammlung auf dem Rütli ist er einer der Wortführer (vgl. 2. Aufzug, 2. Szene). Er ist es, der sich auf den alten Bund der Eidgenossen beruft (vgl. V. 1155ff., V. 1233ff.) und den Volksaufstand naturrechtlich begründet (vgl. V. 1275–1288).
Ähnlich wie Walter Fürst mahnt auch Stauffacher immer wieder zur Geduld (vgl. V. 1850), und ähnlich wie Tell rückt auch er den Schutz der Familie in den Mittelpunkt des Aufstandes (vgl. V. 1288). Es geht ihm nicht um abstrakte Ideale, sondern darum, Land und Leute zu schützen (so wie Fürst gewährt auch er einem Flüchtenden, Baumgarten, Unterschlupf; vgl. V. 351f.) bzw. zu verteidigen (vgl. V. 1286). Wie Walter Fürst und Wilhelm Tell lehnt auch er Rache ab (vgl.

V. 992 ff.). Der Schweizer Volksaufstand ist für ihn ein Akt der Selbstverteidigung und des Selbstschutzes. Persönliche Macht, Ämter und Ruhm spielen für ihn dabei keine Rolle. Freiwillig verzichtet er auf das Amt des Ammannes, also des Verwaltungsoberhauptes (vgl. V. 1139 ff.), und am Ende jubelt auch er Tell zu (vgl. 5. Aufzug, letzte Szene, S. 116 f.).

3. Sprachgebrauch und Sprachverhalten

Als politischer Kopf der Eidgenossen und des Schweizer Volksaufstandes ist er ein Mann des Wortes. Dieser anfängliche Gegensatz zu Tell wird in der 3. Szene des 1. Aufzugs deutlich, in der Stauffacher vergeblich versucht, diesen für den Freiheitskampf zu gewinnen (vgl. S. 22 f.). Anders als Tell ist sich Stauffacher der Macht des Wortes bewusst (vgl. V. 419). Insbesondere bei seinem Auftritt auf dem Rütli erweist er sich als ausgezeichneter Redner, dem es gelingt, die Zuhörer mit seinen Argumenten zu überzeugen und zu begeistern (vgl. V. 1155–1288).

4. Zusammenfassende Bewertung

Stauffacher ist der führende Kopf des Schweizer Volksaufstandes. Er verkörpert den Idealtypus des tatkräftigen Politikers. Er ist zwar ein Mann der Worte, setzt das, was er fordert, aber auch konsequent in die Tat um. Vernunft und die moralischen Werte des Naturrechts, die allgemeinen Menschenrechte (Recht auf Freiheit, Selbstbestimmung, Widerstandsrecht etc.), bilden die Grundlage seines Denkens und Handelns. Es geht ihm nicht um Macht, Ruhm oder Rache, sondern einzig um das Wohl seiner Familie und des Schweizer Volkes.

Arnold vom Melchthal

1. Personalien und sozialer Status

Arnold vom Melchthal ist der jüngste der drei Eidgenossen. Er wohnt mit seinem Vater, Heinrich von der Halden, einem angesehenen Bauern (vgl. V. 2488), in der Nähe von Kerns im Melchthal in Unterwalden (vgl. V. 559 ff.). Nachdem er einen Knecht des Vogts Landenberg geschlagen hat, findet er auf der Flucht Unterschlupf bei Walter Fürst.

2. Wesentliche Charaktereigenschaften
2.1 Stürmer und Dränger

Arnold vom Melchthal wird als jugendlicher Heißsporn in das Stück eingeführt. Mit seinem hitzigen Temperament erinnert der leidenschaftliche Draufgänger an die Helden aus Schillers früheren Sturm-und-Drang-Dramen. In seinem jugendlichen Leichtsinn verübt er ein kleineres, nicht näher beschriebenes Vergehen (vgl. V. 471, V. 565). Als der Knecht des Vogts Landerberg ihm zur Strafe dafür die besten Ochsen nehmen möchte, begehrt er gegen diese viel zu harte Strafe auf. Er schlägt den Knecht und bricht ihm die Finger (vgl. V. 465–468). Er handelt impulsiv und ohne die möglichen Folgen zu bedenken (vgl. V. 472). Als er erfährt, dass der Vogt zur Strafe dafür Melchthals Vater blenden ließ, gerät er völlig außer sich. Er sinnt auf Rache und möchte sofort losstürmen, um den Vogt zu töten (vgl. V. 615–622). Walter Fürst und Stauffacher aber können ihn aufhalten. Auch später wirken die beiden mäßigend und beruhigend auf ihn ein. So etwa, als Melchthal auf dem Rütli von seinem „glühend Rachgefühl" (V. 990) spricht oder als Tell verhaftet wird (vgl. V. 1850, V. 1921). Gemeinsam versuchen sie, Melchthal davon zu überzeugen, dass es in ihrem Freiheitskampf nicht um Rache gehen darf (vgl. V. 992ff.).

Arnold vom Melchthal mit Walter Fürst und Werner Stauffacher beim Rütlischwur – Ölgemälde von Jean Renggli (1846 – 1898)

2.2 Reifeprozess

Ähnlich wie Tell entwickelt sich Melchthal im Laufe des Stückes weiter. Er wächst unter der Obhut der älteren Generation über die Rolle des Stürmers und Drängers hinaus, der sich blindwütig von seinen Gefühlen mitreißen lässt. Er hört auf den Rat der Älteren und zügelt sich. Am Ende gelingt es ihm, seine Vorbehalte gegen den adligen Rudenz ebenso zu überwinden (vgl. V. 2483 ff., V. 2894 ff.) wie seine Rachegelüste. Er verschont den Mörder seines Vaters (vgl. V. 2903 ff.), wenn auch erst auf dessen Drängen hin. Im Gegensatz zu Geßler sowie Fürst und Stauffacher, die sich als fertige Persönlichkeiten nicht verändern, durchläuft Arnold vom Melchthal im Laufe des Stückes einen Reifeprozess, der freilich am Ende noch immer nicht abgeschlossen ist (vgl. V. 2904 f.).

3. Sprachgebrauch und Sprachverhalten

Der jugendliche Übermut und das leidenschaftliche Wesen Arnold vom Melchthals schlagen sich bis zum Schluss in seinem Sprachgebrauch und seiner Wortwahl nieder. Immer wieder benutzt er Schlüsselbegriffe und Sinnbilder des Sturm und Drang wie etwa „Seele" (V. 476), „Herz" (V. 636, V. 1051 ff., V. 1064, V. 1119, V. 2899), „Blut" (V. 659, V. 667), das Wortfeld „heilig", „fromm" etc. (vgl. V. 672 f.), „Schmerz" (V. 621, V. 668, V. 1039, V. 3079), die sinnbildliche Darstellung von Hitze und Glut (vgl. V. 621, V. 990, V. 2901) oder Natur (vgl. V. 644 ff.). Mehrfach kündigt er heroische Kraftanstrengungen und Energieleistungen an (vgl. etwa V. 626 ff., V. 652 f.). Zudem kennzeichnen Ausrufe (z. B. „O!") sein impulsives, emotionales Sprachverhalten (vgl. V. 588, V. 661, V. 674, V. 987, V. 1970).

4. Zusammenfassende Bewertung

Arnold vom Melchthal ist eigentlich noch zu jung, ungestüm und unreif für einen Anführer eines Freiheitskampfes. Er ist jedoch vernünftig genug, auf den Rat der erfahreneren Eidgenossen zu hören. Dadurch ist er in der Lage, seine Leidenschaften zu bändigen und seine jugendliche Energie in sinnvolle Bahnen zu lenken. Es ist wohl nur eine

Frage der Zeit und des Alters, bis aus dem Stürmer und Dränger ein weiser und gemäßigter Vertreter der neuen, freien Schweiz wird.

Werner, Freiherr von Attinghausen

1. Personalien und sozialer Status

Der 85-jährige Werner, Freiherr von Attinghausen, im heutigen Kanton Uri, gehört dem alten Schweizer Landadel an. Er ist der Onkel von Ulrich von Rudenz. Attinghausens hohe, edle Statur (vgl. S. 33, Regieanweisung) entspricht seinem Rang und seinem Ansehen in der Bevölkerung. Er ist beliebt und anerkannt. Sowohl Stauffacher als auch Fürst möchten ihre Pläne für einen Aufstand mit ihm beraten (vgl. V. 336–338, V. 683 f.). Das Alter setzt dem *„Greis“* (S. 33, Regieanweisung) jedoch zu. Er ist körperlich schwach, sein Leben neigt sich dem Ende entgegen (vgl. V. 757 ff.). Schließlich stirbt er an Altersschwäche (vgl. 4. Aufzug, 2. Szene).

2. Wesentliche Charaktereigenschaften
2.1 Gutmütiger Patriarch

Als Mann des Volkes pflegt von Attinghausen mit seinen Knechten einen vertrauten Umgang. Er trinkt mit ihnen aus einem Becher (vgl. V. 752 ff.), nennt sie seine „Kinder“ (V. 766) und behandelt sie auch als solche. Er sieht es als seine Aufgabe, sich wie ein Vater um sie zu kümmern und für ihr Wohl zu sorgen. Er glaubt nicht, dass das einfache Volk in der Lage sei, für sich selbst zu sorgen. Weil er aber auch weiß, dass die alten Zeiten der väterlichen Herrscher mit ihm zu Ende gehen (vgl. V. 860), fürchtet er um die Zukunft des Schweizer Volkes (vgl. V. 2387–2391). Vergeblich bittet er seinen Neffen Ulrich von Rudenz, in seine Fußstapfen zu treten und die Tradition der freien Schweiz zu wahren (vgl. S. 36 ff.). Als er am Sterbebett jedoch von Rudenz' Sinneswandel erfährt (vgl. V. 2375 ff.) und hört, dass das Schweizer Volk ohne Hilfe der Adligen einen Bund geschlossen hat (vgl. V. 2397 ff.), verliert er die Angst vor der neuen Zeit. Das Schweizer Volk braucht ihn und den Landadel nicht mehr. Seine „Kinder" sind erwachsen geworden.

Sterbend malt sich von Attinghausen die goldene Zukunft einer neuen freien, bürgerlichen Schweiz aus (vgl. V. 2431). Attinghausen erweist sich hier als wertkonservativ. Das heißt, er lehnt Veränderungen nicht grundsätzlich ab. Die radikalen Umwälzungen der Machtverhältnisse und den Übergang von einer ständischen zu einer bürgerlichen Gesellschaft begrüßt er sogar. Entscheidend für ihn ist, dass die Tradition der Werte und Tugenden aus der alten Schweiz – wie Heimatverbundenheit (vgl. V. 776 f.), Frömmigkeit, Bescheidenheit und Bodenständigkeit (vgl. V. 778 ff., V. 838–840, V. 914 f.), Freiheit und Selbstbestimmung (vgl. V. 853 ff., V. 896 ff., V. 915 f., V. 2446–2452) sowie Einigkeit (vgl. V. 2452) – auch in der neuen Schweiz gewahrt bleiben.

2.2 Wertkonservativ

Freiherr von Attinghausen redet viel und ausführlich. Auffällig ist, dass er dabei die Handlung jedoch nur wenig voranbringt. Daran zeigt sich, dass seine Zeit vorübergeht. Er kann sich nicht mehr aktiv am Schweizer Freiheitskampf beteiligen (vgl. V. 754 ff.). Nur indirekt mischt er sich in die aktuellen Geschehnisse ein, indem er seinen Neffen Rudenz auf den rechten Weg zurückführen möchte (vgl. 2. Aufzug, 1. Szene). Es sind vor allem grundsätzliche Tugenden und Wertvorstellungen, die er zu vermitteln versucht. Nicht praktische Dinge des Alltags, sondern Traditionen und Visionen bestimmen den Inhalt seiner Ausführungen. Als Sterbender blickt er über den Tellerrand der Gegenwart hinaus. Er erinnert an die Vergangenheit und sorgt sich um die Zukunft.

3. Sprachgebrauch und Sprachverhalten

Der Freiherr von Attinghausen ist ein Adliger vom alten Schlag. Als wohlwollender väterlicher Herrscher bildet er einen Gegensatz zum tyrannischen Geßler. Die guten alten Zeiten, die Attinghausen sinnbildlich verkörpert, gehen mit

4. Zusammenfassende Bewertung

dessen Tod unwiederbringlich zu Ende. Der Geist der alten Schweiz – das versinnbildlicht Attinghausens Zukunftsvision am Sterbebett – durchdringt jedoch auch das neue bürgerliche Zeitalter (vgl. V. 2421 ff.).

Ulrich von Rudenz

1. Personalien und sozialer Status

Ulrich von Rudenz ist der Neffe des Freiherrn von Attinghausen. Er bricht jedoch mit der politischen Tradition seines Onkels und des Schweizer Landadels und schließt sich den Habsburgern an. Bis zu seinem Gesinnungswandel in der Mitte des Stückes (vgl. 3. Aufzug, 2. Szene und 3. Szene) gehört er dem Gefolge des Reichsvogts Geßler an. In *„Ritterkleidung"* (2. Aufzug, 1. Szene, S. 33, Regieanweisung) betritt er die Bühne des Stückes. Nachdem er sich mit der österreichischen Adligen Berta von Bruneck, die er liebt, ausgesprochen hat (vgl. 3. Aufzug, 2. Szene), kehrt er zu seinen Wurzeln zurück. Er überwirft sich mit Geßler (vgl. 3. Aufzug, 3. Szene) und will sich mit seinem Onkel versöhnen, trifft jedoch zu spät an dessen Sterbebett ein (vgl. 4. Aufzug, 2. Szene). Nach dem Tod seines Onkels schließt er sich den Eidgenossen an. Am Ende des Stückes verzichtet er auf seine Adelsprivilegien (vgl. 5. Aufzug, letzte Szene).

2. Wesentliche Charaktereigenschaften
Rückbesinnung auf innere Werte

Von allen Figuren in Schillers Stück ist Ulrich von Rudenz diejenige, die den auffälligsten Wandel durchmacht. Aus einem Anhänger der Habsburger wird ein Schweizer Freiheitskämpfer an der Seite der Eidgenossen. Erst bricht Rudenz mit seinem Onkel (vgl. 2. Aufzug, 1. Szene), um dann später in dessen Fußstapfen zu treten (vgl. 4. Aufzug, 2. Szene). Was sich auf den ersten Blick wie ein grundlegender Persönlichkeitswandel Rudenz' darstellt, erweist sich bei genauerem Hinsehen als eine Rückbesinnung auf seinen wahren Charakter und seine natürliche Bestimmung (vgl. V. 1611, V. 1643 f., V. 1697–1699).

Ausschlaggebend für Rudenz' Gesinnungswandel ist seine Liebe zu Berta. Blind vor Liebe zu der österreichischen Adligen schließt sich Rudenz zunächst den Habsburgern an. Indirekt erliegt er dabei auch dem oberflächlichen Reiz von Macht, Ruhm und Prunk (vgl. V. 822 ff.), erhofft er sich doch, sich durch scheinbare Heldentaten seiner Angebeteten würdig erweisen zu können (vgl. V. 1598–1601, V. 1675 ff.). Berta ist es jedoch auch, die Rudenz die Augen öffnet, indem sie ihre Sympathie mit dem Schweizer Freiheitskampf bekundet (vgl. S. 60 ff.). Als Rudenz begreift, dass seine Liebe zu Berta und die Liebe zum Vaterland sich nicht ausschließen müssen, findet er zu seiner wahren Natur zurück und besinnt sich wieder der inneren Werte (vgl. V. 1675–1699).

Mithilfe von Berta überwindet Rudenz die „Verführung" (V. 820) durch eine „fremde falsche Welt" (V. 848). Der „eitle[..] Wahn" (V. 1692), der ihn seinem Volk entfremdet hat, ist überwunden. Die Bauern und Knechte, deren er sich anfangs noch schämte (vgl. V. 764, V. 781 f., V. 811–824), werden zu seinen Verbündeten (vgl. S. 117, Regieanweisung). Seinen Knechten schenkt er am Ende die Freiheit (vgl. V. 3291). Aus dem überheblichen Adligen ist ein Gleicher unter Gleichen geworden.

3. Sprachgebrauch und Sprachverhalten

Der adlige Rudenz versteht es, sich gewählt auszudrücken. Er ist bereit, seine Argumente entschieden zu vertreten, und scheut dabei keine Konflikte. Sowohl im Gespräch mit seinem Onkel als auch später in der Auseinandersetzung mit Geßler verhält er sich undiplomatisch und streitlustig (vgl. V. 809 ff., S. 72 ff.). Die Argumente im Gespräch mit seinem Onkel (vgl. 2. Aufzug, 1. Szene) sind jedoch nur vorgeschoben. Die Einwände des Freiherrn will er nicht hören (vgl. V. 930, V. 941). Stattdessen versucht er, seinem Onkel und sich selbst einzureden, dass er richtig und vernünftig handelt, wenn er sich auf die Seite Habsburgs schlägt. Erst nachdem er abermals die Seiten gewechselt hat, spricht Rudenz dann wirklich das aus, was er fühlt bzw. was ihm auf dem Herzen liegt.

4. Zusammenfassende Bewertung

Steht Arnold vom Melchthal für jugendlichen Übermut, verkörpert Ulrich von Rudenz die Verführbarkeit der Jugend. Aus falsch verstandener Liebe bricht Rudenz mit den Traditionen und Werten seines ehrwürdigen Onkels und erliegt dem oberflächlichen Reiz eines höfischen Lebens. Dass er damit letztlich auch sich selbst und seine wahre Natur verrät, will er zunächst nicht wahrhaben. Erst Berta gelingt es, ihm die Augen zu öffnen. So wie die „falsche" Liebe ihn von seiner eigentlichen Bestimmung entfernt hat, führt ihn nun die wahre Liebe zu ihr zurück.

Dass Rudenz sich derart von seinen leidenschaftlichen Gefühlen überwältigen lässt, verleiht auch ihm – ähnlich wie Melchthal – Züge eines Stürmer und Drängers. Diese beiden Figuren und Tell verbindet eine innere Unreife, die sie im Verlauf des Stückes tendenziell überwinden. Bei Tell ist diese Entwicklung am vollständigsten, bei Rudenz am auffälligsten. Im inneren Kampf zwischen Heimat und Fremde, Natur und Königshof, Sein und Schein siegen bei Rudenz am Ende die natürlichen Werte über den schönen Schein, und die Heimatverbundenheit siegt über die Verlockungen der Fremde.

Berta von Bruneck – und die Frauen

1. Personalien und sozialer Status

Berta von Bruneck ist eine österreichische Adlige und „reiche Erbin" (S. 7) im Gefolge Geßlers und der Habsburger. Die von ihr ererbten Besitztümer liegen jedoch in den Waldstätten der Schweiz, weshalb das Haus Habsburg versucht, sie durch eine arrangierte Heirat an den Hof zu binden (vgl. V. 1659–1671). Heiratet Berta einen Habsburger, fallen auch ihre Schweizer Ländereien in den Besitz des Hauses Habsburg. Berta sympathisiert mit dem Schweizer

Melchthal und Rudenz retten Berta aus den Flammen – Postkarte aus dem Jahr 1904/05

Volk und dessen Freiheitskampf, von dem sie sich auch ihre persönliche Freiheit verspricht (vgl. V. 1665 f., V. 1728 ff.). Denn nur so bleiben ihre Besitztümer dem Zugriff des Hauses Habsburg entzogen.

Von den Schweizern wird sie jedoch als eine Österreicherin wahrgenommen. Das Schweizer Volk sieht in ihr eine Unterdrückerin und Feindin und weist ihre Hilfe zurück (vgl. V. 447–455). Der Schweizer Adlige Ulrich von Rudenz glaubt, sich auf die Seite Habsburgs schlagen zu müssen, um ihre Liebe zu erlangen. Berta aber liebt Rudenz längst. Sie öffnet ihm die Augen für die wahren Verhältnisse und bewirkt so seinen Gesinnungswandel (vgl. 3. Aufzug, 2. Szene). Am Ende legt sie ihre Adelsprivilegien ab, um an der Seite von Rudenz als freie „Bürgerin“ (V. 3287) in der Schweiz zu leben (vgl. 5. Aufzug, letzte Szene).

2. Wesentliche Charaktereigenschaften

2.1 Weitsichtige Ratgeberin

Ähnlich wie Hedwig, die im Gegensatz zu Tell die Gefahr, die von Geßler ausgeht, richtig einzuschätzen vermag (vgl. V. 1540–1572), und Gertrud, die Stauffacher zum Handeln drängt (vgl. 1. Aufzug, 2. Szene), ist auch Berta weitsichtiger als ihr männlicher Partner Ulrich von Rudenz. Berta ist es, die ihn über die politischen Zusammenhänge aufklärt und ihn zu seiner natürlichen Bestimmung zurückführt (vgl. 3. Aufzug, 2. Szene). Anders als Hedwig, die Tell zur Vorsicht und Zurückhaltung mahnt (vgl. V. 1517–1534), drängt Berta Rudenz dazu, sich dem Schweizer Freiheitskampf anzuschließen. Wie Gertrud leistet auch Berta damit einen indirekten Beitrag zum Freiheitskampf.

2.2 Natürliches Moralempfinden

Berta ist klug, edelmütig, selbstbewusst und freiheitsliebend. Sie ist hilfsbereit und hat Mitgefühl für die Schwachen und Unterdrückten (vgl. V. 448ff., V. 1618ff., V. 1922ff.). Sie sympathisiert nicht nur mit den Schweizern, sondern auch mit der fortschrittlichen Idee einer freien Bürgergesellschaft. Am Ende verzichtet sie freiwillig auf ihre Adelsprivilegien (vgl. 5. Aufzug, letzte Szene). Mit ihrem weiblich-natürlichen Moralempfinden führt sie Rudenz auf den Weg der Tugend zurück (vgl. 3. Aufzug, 2. Szene). Sie besitzt ausgesprochene Führungsqualitäten, hat eine schnelle Auffassungsgabe, ist entscheidungsfreudig und versteht es, Aufgaben zu delegieren (vgl. V. 447ff.).

2.3 Passive Frauenrolle

Keine der Frauen des Stückes nimmt jedoch als aktiv Handelnde an dem Freiheitskampf teil. Am Rütlischwur sind ausschließlich Männer beteiligt (vgl. 2. Aufzug, 2. Szene). Neben der Rolle der moralisch vorbildlichen, klugen Beraterin steht den Frauen im Stück allenfalls die Möglichkeit offen, ihr eigenes Leben zu opfern (vgl. V. 328f.). Am ehesten mischt sich noch die Bäuerin Armgard ins Geschehen ein, indem sie sich Geßler in den Weg stellt (vgl. V. 2695–2769). Aber auch sie bleibt mit ihrem Widerstand letztlich passiv, eine Bittstellerin (vgl. V. 2772–2774). Der aktive Kampf, die entscheidende Tat bleibt jeweils den Männern vorbehalten (vgl. V. 326f.). So ist es Tell, der Geßler tötet. Als Berta am Ende entführt wird, ist es an den Männern, Melchthal und Rudenz, sie zu befreien (vgl. V. 2874–2902).

Während sich Rudenz am Schluss des Stückes unter die Landleute mischt, umarmt Berta Hedwig. Die männlichen und weiblichen Sphären sind hier klar abgesteckt. Der öffentliche Bereich bleibt den Männern vorbehalten, der private ist für die Frauen bestimmt.

3. Sprachgebrauch und Sprachverhalten

Entsprechend ihrer weiblichen Rolle versucht Berta, mit ihren Worten das Verhalten von Männern zu beeinflussen. Als Adlige kann sie das im Notfall auch in Form von Anweisungen und Kommandos tun (vgl. V. 447ff.). Meistens leistet sie jedoch Überzeugungsarbeit oder appelliert an den Charakter oder das Mitgefühl ihrer Gesprächspartner (vgl. 3. Aufzug, 2. Szene, V. 1922ff.). Da Berta ebenso wie den anderen Frauen im Stück die Möglichkeit zur eigenen Tat weitgehend verschlossen bleibt, kann sie nur indirekt über ihr Sprachverhalten und im Dialog mit Männern politischen Einfluss ausüben.

4. Zusammenfassende Bewertung

Berta ist die einzige Adlige unter den Frauen des Stückes und die einzige Frau im Gefolge der Habsburger. Trotzdem ist die Rolle, die sie erfüllt, durchaus typisch für die Rollen, die Schiller den Frauen in seinem Stück zuschreibt. Einerseits zeichnet er sie als klug und weitsichtig. Mit Ausnahme von Hedwig erweisen sie sich zudem als mutig, bisweilen sogar todesmutig und entscheidungsfreudig. Insbesondere Berta und Gertrud denken ausgesprochen fortschrittlich und sind politisch aufgeklärt. Andererseits bleibt ihr gesellschaftlicher Handlungsspielraum begrenzt. Zwar hadert die Bäuerin Armgard am Ende damit, „nur ein Weib“ (V. 2772) zu sein. Letztlich finden sich jedoch alle Frauen mit ihrer beratenden, helfenden und unterstützenden Rolle an der Seite des Mannes ab. Auch Berta bekräftigt dies am Ende, wenn sie Rudenz symbolisch ihre „Rechte“ (V. 3289) reicht.

Johannes Parricida

1. Personalien und sozialer Status

Herzog Johannes (auch: Johann) von Schwaben ist der Neffe des deutschen Königs Albrecht I. aus dem Hause Habsburg. Er glaubt sich von seinem Onkel um sein Erbe gebracht und ermordet ihn gemeinsam mit anderen Mitverschwörern (vgl. S. 106 f.). Daraufhin erhält er den Beinamen „Parricida“, Vater- bzw. Verwandtenmörder. Von seiner Cousine Agnes von Ungarn, Albrechts Tochter, wird er für vogelfrei erklärt (vgl. V. 2997 ff.). Einsam und auf sich allein gestellt, verkleidet er sich auf der Flucht als Mönch. Von Tell erhofft er sich Hilfe und Verständnis. Dieser aber weist Parricida zurück. Er rät ihm, nach Rom zu gehen, um dort beim Papst Gnade zu erflehen.

2. Wesentliche Charaktereigenschaften
Egoistischer Mörder

Johannes Parricida hofft, bei Tell auf Verständnis für seine Tat zu stoßen, da sich beide an einem Feind gerächt hätten (vgl. V. 3175). Tell jedoch widerspricht dem empört: Während er aus Notwehr getötet hat, hat Parricida aus Rach- und Eigensucht gemordet. Aus „Neid“ (V. 3200), „Ehrsucht“ (V. 3176), „Ungeduld“ (V. 3199), Macht- und Habgier hat Parricida seine Familie zerstört, wohingegen Tell getötet hat, um seine Familie zu schützen. Parricida handelt demnach aus rein eigennützigen Beweggründen. Er verhält sich unmoralisch und wider die Natur (vgl. V. 3183 f.). Im Gegensatz zu Tell kann er das Naturrecht nicht für sich beanspruchen. Am Ende sieht er zwar ein, einen Fehler begangen zu haben (vgl. V. 3200), scheint aber vor allem sich selbst zu bedauern (vgl. V. 3198 f.).

3. Sprachgebrauch und Sprachverhalten

Johannes Parricida hat nur einen kurzen Auftritt im Stück. Im Gespräch mit Tell versucht er, einerseits seine Mordtat zu rechtfertigen (vgl. V. 3153–3156, V. 3165 f., V. 3175, V. 3200–3204) und andererseits Mitleid zu erwecken (vgl. V. 3186, V. 3196 ff., V. 3220, V. 3221). Beides tut er in der Hoffnung, von Tell Hilfe zu bekommen. Auffällig ist, dass er fast nur von sich selbst und seinem Schicksal spricht. Charakteristisch dafür ist sein fast schon weinerliches Selbstmitleid (vgl. V. 3123, V. 3190, V. 3274 f.).

4. Zusammenfassende Bewertung

Johannes Parricida fungiert in Schillers Stück als Kontrastfigur zu Tell. Die Begegnung mit Parricida gibt Tell die Gelegenheit, die besonderen Umstände und Beweggründe seiner Tat hervorzuheben, indem er sie von Parricidas Untat abgrenzt. Das eigennützige, unmoralische, widernatürliche Verbrechen Parricidas dient dazu, Tells Tyrannenmord als einen uneigennützigen, moralischen und naturrechtlich begründeten Akt der Notwehr zu charakterisieren. Die Figur Parricida soll verhindern, dass Schiller mit seinem Drama „Wilhelm Tell“ ähnlich missverstanden wird, wie Parricida die Tat Tells missverstanden hat. Beispielsweise soll sich die Schreckensherrschaft der Französischen Revolution mit Schillers Stück nicht rechtfertigen lassen.

Der Blick auf den Text: Die Szenenanalyse

Eine Szene analysieren – Tipps und Techniken

Für die Analyse (Beschreibung und Deutung) von Einzelszenen des Dramas stehen grundsätzlich zwei verschiedene Methoden zur Auswahl: die Linearanalyse und die aspektgeleitete Analyse.

In der **Linearanalyse** werden die einzelnen Abschnitte des Aufgabentextes systematisch analysiert, das heißt ihrer Reihenfolge nach. Dies führt in der Regel zu genauen, detaillierten Ergebnissen. Allerdings besteht dabei die Gefahr, dass zu kleinschrittig gearbeitet wird und die übergeordneten Deutungsaspekte aus dem Blick geraten.

In der **aspektgeleiteten Analyse** werden diese Deutungsschwerpunkte von vornherein festgelegt. Daraus ergibt sich in der Regel eine sehr problemorientierte und zielgerichtete Vorgehensweise. Dabei werden jedoch die Deutungsaspekte, die nicht im Fokus des Interesses stehen, vernachlässigt.

Aufbauschema

1. **Einleitung:**
   - Basissatz: Autor; Titel; Textsorte; Erscheinungsjahr des Werks, aus dem der Text stammt
   - Ort, Zeit und Figuren der Szene
   - kurze Inhaltsangabe

2. **Einordnung der Szene in das Drama:**
   Was geschieht vorher, was nachher?

Linearanalyse

3. **Aufbau der Szene:**
   - Auflistung der Textabschnitte/Textgliederung

4. **Beschreibung und Deutung der unter 3. angegebenen Textabschnitte:**
   - Aussagen zum Inhalt des Abschnitts
   - Aussagen zur Deutung, Einbetten in den Zusammenhang des Dramas
   - Einbezug der sprachlichen Gestaltung

aspektgeleitete Analyse

3. **Untersuchungsschwerpunkte:**
   - Auflistung der ausgewählten Untersuchungsaspekte

4. **Beschreibung und Deutung der unter 3. angegebenen Aspekte:**
   - Benennen des jeweiligen Aspekts
   - Aussagen zur Deutung, Einbetten in den Zusammenhang des Dramas
   - Einbezug der sprachlichen Gestaltung

5. **Schluss:**
   - Zusammenfassung der Ergebnisse
   - Einordnung in einen größeren Deutungszusammenhang
   - Bewertung

Zu beiden Analysemethoden wird im Folgenden je ein Lösungsvorschlag präsentiert.

Übungsvorschlag:
Erstellen Sie zuerst jeweils eine eigene Lösung und vergleichen Sie diese dann mit den unten angeführten Vorschlägen. Überprüfen Sie: An welchen Stellen erscheint Ihnen Ihre eigene Lösung schlüssiger? Welche zusätzlichen Anregungen und Einsichten können Sie den Beispieltexten entnehmen?

Beispielanalyse: 1. Aufzug, 2. Szene (linear)

Aufgabe: Analysieren Sie die 2. Szene des 1. Aufzugs im Drama „Wilhelm Tell“ nach inhaltlichen und sprachlichen Gesichtspunkten.

Einleitung mit knapper Inhaltsangabe der Szene

Die Szene stammt aus dem Drama „Wilhelm Tell“ von Friedrich Schiller. Das Theaterstück wurde 1804 in Weimar uraufgeführt. Darin wird der erfolgreiche Freiheitskampf der Schweizer Eidgenossen gegen die Fremdherrschaft der Österreicher bzw. Habsburger geschildert. Das Stück spielt im Spätmittelalter, ungefähr zur Wende vom 13. zum 14. Jahrhundert. Die Titelfigur Wilhelm Tell tötet darin den tyrannischen Reichsvogt Hermann Geßler, nachdem dieser ihn dazu kurze Zeit zuvor gezwungen hat, seinem Sohn mit der Armbrust einen Apfel vom Kopf zu schießen. Der Tod Geßlers löst den Volksaufstand der Schweizer aus. Am Ende des Stückes wird Tell als Volksheld gefeiert.
Die 2. Szene des 1. Aufzugs spielt in der Region des heutigen Schweizer Kantons Schwyz im Ort Steinen vor dem Haus des wohlhabenden Freibauern Werner Stauffacher. Im Gespräch mit Pfeiffer von Luzern betritt Stauffacher die Bühne. Nachdem sich beide voneinander verabschiedet

haben, trifft Stauffachers Ehefrau Gertrud ein. Zwischen den beiden Eheleuten entspinnt sich eine lange Unterhaltung, in deren Verlauf Gertrud ihrem Mann rät, Verbündete für einen Aufstand gegen die von den Habsburgern eingesetzten Vögte zu suchen. Stauffacher folgt Gertruds Rat. Nachdem beide abgegangen sind, betreten Wilhelm Tell und Konrad Baumgarten die Szene. Baumgarten befindet sich auf der Flucht vor den österreichischen Soldaten. Tell rät Baumgarten, bei Stauffacher Unterschlupf zu suchen.

Einordnung der Szene in das Drama

In der vorangegangenen 1. Szene hat Tell Baumgarten vor seinen Verfolgern in Sicherheit gebracht. Baumgarten ist vor den österreichischen Soldaten geflohen, nachdem er einen Vogt erschlagen hatte, der seine Frau vergewaltigen wollte. Trotz eines Unwetters hat Tell mit Baumgarten die Überfahrt über den Vierwaldstättersee in einem kleinen Kahn gewagt. Ruodi und der Hirte Kuoni haben das vom Ufer aus beobachtet. Aus Strafe dafür, dass sie die Flucht Tells und Baumgartens nicht verhindert haben, haben die Soldaten am Ende der 1. Szene die Fischerhütte Ruodis niedergebrannt und die Tiere Kuonis niedergemetzelt. Die Herrschaft der Vögte ist damit bereits in der 1. Szene als Unrechtsherrschaft erkennbar geworden. Und Tell ist als Held aufgetreten.

In der 3. Szene lässt der Reichsvogt Geßler als Symbol seiner Herrschaft auf einem öffentlichen Platz einen Hut aufstellen, vor dem sich jeder, der daran vorbeigeht, verbeugen soll. Im Hintergrund ist zu sehen, wie Arbeiter eine Festung errichten. Während Geßler also seine Herrschaft ausbaut, versucht Stauffacher vorläufig noch vergeblich, Tell für den Freiheitskampf zu gewinnen.

Aufbau der Szene

Die Szene kann in drei Abschnitte unterteilt werden, die sich daran orientieren, welche Figuren jeweils anwesend sind. Im ersten Abschnitt (S. 14, Szenenanfang – V. 194) beginnt die Szene mit dem Auftritt von Werner Stauffacher und Pfeiffer von Luzern, die sich miteinander unterhalten.

Nachdem Pfeiffer die Szene verlassen hat, tritt Stauffachers Frau Gertrud auf. Der lange zweite Abschnitt (V. 195–348) gibt das richtungsweisende Gespräch zwischen den beiden Eheleuten wieder. Dagegen leitet der kurze erste Abschnitt lediglich in die Szene ein. Der noch kürzere dritte Abschnitt führt aus der Szene heraus und verknüpft sie zugleich inhaltlich mit der vorangegangenen Szene. Nachdem Stauffacher und Gertrud abgegangen sind, treffen im dritten Abschnitt (V. 349–S. 20, Szenenende) Tell und Baumgarten ein.

Deutung der Textabschnitte: I. Abschnitt

Zu Beginn der Szene treffen Pfeiffer von Luzern und Werner Stauffacher vor dessen Haus ein. Beide unterhalten sich über die politische Situation. Pfeiffer rät Stauffacher, sich nicht den Habsburgern anzuschließen und die Freiheit nicht aufzugeben (vgl. V. 185 ff.). Er spielt damit auf den Status der Reichsunmittelbarkeit an, den die Schweizer Waldstätten durch Freiheitsbriefe des deutschen Königs garantiert bekommen haben. Würden sich die Waldstätten den Habsburgern anschließen, würden sie diese Freiheit verlieren. Pfeiffer gibt sich damit als ein Gegner der Habsburger zu erkennen.

Als sich Pfeiffer nach diesen Worten von Stauffacher verabschieden möchte, lädt dieser ihn zu sich ein (vgl. V. 188 f.). Diese Einladung legt nahe, dass auch Stauffacher kein Freund der Vögte ist. Die weiteren Worte Pfeiffers bestätigen das. Pfeiffer rät Stauffacher, die Unterdrückungsherrschaft der Vögte geduldig zu ertragen, da sie womöglich nur von kurzer Dauer sei (vgl. V. 190 ff.). Ganz ähnlich wird sich in der 3. Szene auch Tell äußern (vgl. V. 420 ff.). Während Tell mit dem Hinweis auf die Geduld aber gegen einen Freiheitskampf argumentiert, möchte Pfeiffer verhindern, dass sich Stauffacher Österreich unterwirft (vgl. V. 194).

Der erste Abschnitt führt somit bereits in die Grundthematik der Szene ein: die Frage, wie mit der Herrschaft der Vögte umzugehen sei.

II. Abschnitt

Das nach Pfeiffers Abgang folgende Gespräch zwischen Gertrud und Stauffacher lässt sich inhaltlich in drei Phasen untergliedern.
In der ersten Phase (V. 195–271) wird der Konflikt, in dem sich Stauffacher befindet, herausgearbeitet. Gertrud, die spürt, dass ihren Mann etwas bedrückt (vgl. S. 15, Regieanweisung zwischen V. 194 und V. 195, V. 195ff.), fragt ihn nach dem Grund des „Grams" (V. 200). Geschickt fordert sie seinen Widerspruch heraus, indem sie ihm zunächst vor Augen führt, dass er eigentlich doch gar keinen Grund habe, sich zu grämen (vgl. V. 201 ff.). Schließlich gedeihe die Landwirtschaft (vgl. V. 203ff.) und er habe ein prachtvolles Haus, das von allen bewundert werde (vgl. V. 207ff.). Gerade darin aber sieht Stauffacher eine Gefahr. Er erzählt von einer Begegnung mit Geßler, der Stauffacher drohte, es nicht dulden zu wollen, „dass der Bauer Häuser baue/Auf seine eigne Hand, und also frei/Hinleb, als ob er Herr wär in dem Lande" (V. 231–233). Gertrud bringt den Konflikt daraufhin auf den Punkt: Geßler neidet Stauffacher seinen Besitz und seine Freiheit (vgl. V. 260ff.), einerseits aus persönlichen Gründen, weil Geßler selbst keinen Grundbesitz hat (vgl. 267ff.), andererseits aus politischen Gründen, weil Stauffacher für ihn die freie Schweiz symbolisiert, die sich weigert, sich Österreich anzuschließen (vgl. 252ff.). Deshalb will Geßler Stauffacher schaden (vgl. V. 252, V. 271).
In der zweiten Phase des Gesprächs (V. 272–329) überzeugt Gertrud ihren Mann von einer möglichen Lösung des Konflikts. Zunächst macht sie ihm klar, dass er handeln muss, wenn er nicht von Geßler vernichtet werden möchte (vgl. V. 272–274). Scheinbar rät sie ihm damit genau das Gegenteil von Pfeiffer, der Stauffacher zur Geduld gemahnt hat. Da für Pfeiffer die Geduld aber bereits einen Akt des Widerstandes gegen die Pläne Österreichs bedeutet, geht sie tatsächlich noch einen entscheidenden Schritt weiter. Aus dem passiven Widerstand (Geduld) wird ein aktiver:

„Der kluge Mann baut vor.“ (V. 274) Gleichzeitig erscheint der Freiheitskampf damit als ein Akt des vorbeugenden Selbstschutzes, der Notwehr.
Gertrud rät Stauffacher, sich mit Gleichgesinnten aus anderen Waldstätten gegen die österreichischen Vögte bzw. die Habsburger zu verbünden (vgl. V. 286 ff.). Stauffacher warnt sie jedoch vor den kriegerischen Folgen. Im Krieg, so hält er ihr entgegen, seien die Schweizer – „ein schwaches Volk der Hirten“ (V. 304) – dem Feind militärisch unterlegen (vgl. V. 302 ff.). Gertrud aber lässt das nicht gelten und verweist auf Tapferkeit und Mut der Schweizer (vgl. V. 312 f.). Auch die weiteren Einwände Stauffachers, der die Schrecken des Krieges ausmalt (vgl. V. 314–324), entkräftet Gertrud, indem sie dem möglichen irdischen, materiellen Verlust höhere moralische Werte, das „Herz“ (V. 317, V. 320; s. auch V. 330), entgegenhält. Im Kampf für Gerechtigkeit ist sie sogar bereit, ihr Leben zu opfern. Während für die Männer der Tod auf dem Schlachtfeld der letzte Ausweg ist, ist es für die Frauen der Freitod (vgl. V. 326 ff.).
In der dritten Phase des Gesprächs (V. 330–348) ist nun auch Stauffacher davon überzeugt, dass es Zeit ist, zu handeln. Von allen Bedenken befreit und angestachelt von Gertruds Mut, verkündet er, sofort nach Uri zu fahren, um dort Mitstreiter zu suchen. Auch wenn Gertrud sich in dieser Szene als kluge, weitsichtige und todesmutige Frau erwiesen hat, ist es nun an den Männern, ihren Plan auszuführen.
Auffällig an der sprachlichen Gestaltung der ersten beiden Abschnitte ist, dass Stauffacher im Gespräch jeweils eine passive Rolle einnimmt. Er hört sich die Ratschläge der anderen an und reagiert darauf. Das Gespräch zwischen Gertrud und Stauffacher verläuft in drei „dialektischen“ Schritten. Im ersten Schritt erteilt Gertrud ihrem Mann einen Ratschlag, gegen den dieser dann im zweiten Schritt ver-

schiedene Einwände formuliert. Im dritten Schritt entkräftet Gertrud diese Einwände, sodass ihre Überzeugungsarbeit schließlich erfolgreich ist. Während des gesamten zweiten Abschnitts ist Gertrud die aktive, treibende Kraft. Die geistige Initiative zum Schweizer Freiheitskampf geht von ihr aus.

III. Abschnitt

Die Szene endet damit, dass Tell und Baumgarten bei Stauffacher eintreffen. Tell rät Baumgarten, bei Stauffacher Unterschlupf zu suchen, da dieser ein „Vater der Bedrängten" (V. 351) sei. Damit werden die Handlungsstränge aus der 1. und 2. Szene miteinander verknüpft. Eine mögliche Allianz zwischen dem tapferen, tatkräftigen Tell und dem politisch handelnden Stauffacher deutet sich an.

Schluss

Im Gespräch zwischen Gertrud und ihrem Mann wird in dieser Szene der Grundstein zum Schweizer Freiheitskampf gelegt. Die Initiative geht von der Frau aus. Es ist jedoch der Mann, der den Widerstandsgedanken nach außen trägt.

Aus heutiger Sicht ist diese Szene gleich mehrfach problematisch. Zum einen erscheint die geschlechtliche Rollenverteilung bedenklich. Frauen bleiben aus dem öffentlichen Bereich ausgeschlossen. Das politische Handeln (vgl. V. 293 f.) und den aktiven Freiheitskampf (vgl. V. 326–329) müssen sie den Männern überlassen. Sie können, wie Gertrud, nur indirekt als Ratgeberinnen aktiv werden.

Zum anderen stellt Gertrud geistig-moralische Ideale über den Wert des irdischen Lebens (vgl. V. 314–329). Sie vertritt die Auffassung, dass es Ideale gebe, für die es gerechtfertigt sei, zu töten, und für die es sich zu sterben lohne. Eine Ansicht, die bis heute immer wieder vertreten wird, aber stets auch umstritten ist. Die Frage, ob es Verhältnisse gibt, die einen gewaltsamen Volksaufstand, eine Revolution rechtfertigen, und falls ja, welche Verhältnisse das sein könnten und an welche moralische Bedingungen der Widerstand geknüpft werden müsste, ist die zentrale Frage, die das Drama „Wilhelm Tell“ aufwirft. Die Antwort, die Schiller im weiteren Verlauf des Dramas liefert, deutet er bereits in dieser Szene an: Gewaltsamer Widerstand ist für Schiller nur dann gerechtfertigt, wenn er einen Akt der Notwehr bzw. des Selbstschutzes darstellt.

Beispielanalyse: 5. Aufzug, 2. Szene (aspektgeleitet)

> ***Aufgabe: Erörtern Sie anhand des Gesprächs zwischen Tell und Parricida in der 2. Szene des 5. Aufzugs im Drama „Wilhelm Tell“, wie Friedrich Schiller moralisch gerechtfertigte Gewalt von moralisch ungerechtfertigter Gewalt unterscheidet.***

Einleitung mit knapper Inhaltsangabe der Szene

In seinem 1804 uraufgeführten Theaterstück „Wilhelm Tell“ hat Friedrich Schiller seine Enttäuschung über den blutigen Verlauf der Französischen Revolution verarbeitet. Bei Ausbruch der Revolution 1789 war er ein glühender Anhänger und Verfechter ihrer Ideale „Freiheit, Gleichheit, Brüderlichkeit“. Als die Revolution jedoch ab 1793 in blutigen Terror umschlug („la Terreur“, 1793–94), hat er sich entsetzt von ihr abgewandt. 1798, nur wenige Jahre bevor Schiller sein Drama „Wilhelm Tell“ verfasst hat, haben französische Truppen unter der Führung Napoleons die Schweiz besetzt. Es ist daher wohl kein Zufall, dass Schiller ausgerechnet am Beispiel der Schweiz den Idealfall einer moralisch gerechtfertigten Volkserhebung entwickelt hat. Die Eidgenossenschaft hat ihm als positives Gegenbeispiel zur Französischen Revolution gedient.
In der 2. Szene des 5. Aufzugs sucht der für vogelfrei erklärte Königsmörder Johannes Parricida als Mönch verkleidet bei Tell Unterschlupf. Da er wie Tell einen ungerechten Herrscher ermordet hat, hofft er, bei Tell Verständnis zu

finden. Als Tell Parricida erkennt, weist er ihn jedoch empört zurück. Im Gespräch mit ihm betont Tell die gegensätzlichen Motive ihrer Taten. Aus Mitleid rät er Parricida, nach Rom zu fliehen, um beim Papst um Gnade zu bitten.

Einordnung der Szene in das Drama

Die 2. Szene des 5. Aufzugs spielt nach dem geglückten Volksaufstand der Schweizer. Mit Geßlers Tod und dem Sieg der Eidgenossen ist die eigentliche Handlung des Dramas bereits beendet, als die Eidgenossen in der 1. Szene des 5. Aufzugs von der Ermordung des Kaisers (bzw. Königs) durch seinen Neffen Johannes, Herzog von Schwaben, erfahren (vgl. V. 2939 ff.), der daraufhin den Beinamen „Parricida", Verwandtenmörder, erhält. Parricida, so heißt es, sei von seiner Cousine für vogelfrei erklärt worden und befinde sich auf der Flucht.

Mit der Parricida-Episode erweitert Schiller sein Drama um ein Geschehen, das mit der eigentlichen Handlung des Stückes nur indirekt zu tun hat. Offenbar ist die Parricida-Episode – und damit die gesamte 2. Szene des 5. Aufzugs – für Schiller vor allem thematisch bedeutsam. Nachdem Parricida am Ende der 2. Szene in Richtung Rom geflohen ist, endet das Stück in der letzten Szene damit, dass Tell als „Erretter" (V. 3282) und Schweizer Volksheld gefeiert wird. Die Adligen Berta und Rudenz legen freiwillig ihre Privilegien ab und werden Teil einer harmonischen Bürgergesellschaft.

Untersuchungsaspekte

Die Frage nach der Rechtfertigung von Gewalt und der moralischen Legitimation einer Revolution, die ein wesentliches Thema des Dramas „Wilhelm Tell" darstellt, wird in dieser vorletzten Szene des Stückes noch einmal erörtert. Am Beispiel des Gesprächs zwischen Tell und Parricida kann man sich Schillers Antwort auf diese Frage anhand von drei Teilfragen annähern:

1. Worin gleichen sich Tells und Parricidas Gewalttaten?
2. Worin unterscheiden sich Tells und Parricidas Gewalttaten?
3. Wodurch werden die jeweiligen Gewalttaten bereits äußerlich als moralisch gerechtfertigt bzw. ungerechtfertigt erkennbar?

1. Worin gleichen sich Tells und Parricidas Gewalttaten?

Parricida hofft, bei Tell Unterstützung zu finden, da beide einen Herrscher aus dem Hause Habsburg getötet haben. Beide, so Parricida, hätten einen „Feind erschlagen“ (V. 3154), der ihnen Unrecht getan habe (vgl. V. 3154f.). So wie Tell glaubt auch Parricida, das Land von einem Tyrannen „befreit“ (V. 3156) zu haben. Die Gewalttaten Tells und Parricidas gleichen sich also in ihrer Form: Beide haben einen Menschen getötet. Außerdem ähneln sich auch die Opfer: In beiden Fällen sind es unterdrückerische, ungerechte Herrscher.

2. Worin unterscheiden sich Tells und Parricidas Gewalttaten?

Was beide Gewalttaten grundlegend voneinander unterscheidet, sind ihre Motivationen. Parricida hat seinen Onkel, wie er selbst zugibt, aus persönlicher „Rach[e]“ (V. 3175) getötet. Mit dem Mord hat er sich dafür gerächt, dass der König ihm sein Erbe vorenthalten hat (vgl. V. 3165). Es waren also Besitzstreben („der Wünsche Ungeduld“, V. 3199), „Neid“ (V. 3200) und persönliche Eitelkeit („Ehrsucht“, V. 3176), die Parricida zu seiner Mordtat bewegt haben.

Parricida glaubt, dass auch Tell aus ähnlichen Gründen, also aus Rache für das an ihm verübte Unrecht, den erzwungenen Apfelschuss, gehandelt habe. Tell aber weist das entschieden von sich, auch wenn die Eidgenossen indirekt von Parricidas Tat profitieren (vgl. V. 3016–3023). Im Verlauf des Stückes haben die Eidgenossen mehrfach Wert darauf gelegt, bei ihrem Freiheitskampf nicht aus persönlicher Rache zu handeln (vgl. 2. Aufzug, 2. Szene, V. 992f.; 5. Aufzug, 1. Szene, V. 2909ff.). Auch Tell begründet seine Tat im Monolog in der 3. Szene des 4. Aufzugs nicht mit

Rachegedanken. Entsprechend hebt er nun auch in dieser Szene gegenüber Parricida die wahren Beweggründe seiner Tat hervor: Er habe aus „Notwehr" (V. 3177) gehandelt, um seine Familie zu schützen (vgl. V. 3177–3180, V. 3185).

Zwar spricht auch Tell von Rache (vgl. V. 3182). Damit aber meint er gerade keine persönliche Rache, sondern eine naturnotwendige. Tell glaubt, mit seiner Tat dem Naturrecht wieder zur Geltung verholfen zu haben. Er erscheint hier als eine Art göttliches Werkzeug und ähnelt damit dem Sturm über dem Vierwaldstättersee nach seiner Gefangennahme (vgl. 4. Aufzug, 1. Szene, V. 2173 ff.). Während Tell also die natürlich-moralische Ordnung wiederherstellt, wenn er seine Familie verteidigt, verstößt Parricida dagegen, wenn er seinen Onkel tötet. Tells Tat entspricht dem Naturrecht, Parricidas Tat verstößt dagegen. Verkürzt lassen sich die Unterschiede zwischen Tells und Parricidas Gewalttaten so zusammenfassen: Tells Tat geschah aus Notwehr, Parricidas Tat war Mord (vgl. V. 3184 f.).

Tell wird freudig von seiner Familie begrüßt. Sogar seine Armbrust hat er abgelegt, weil er keine Gefahr mehr für sich und seine Familie fürchtet (vgl. V. 3126 ff.). Er wirkt *„herzlich und mutig"* (S. 112, Regieanweisung nach V. 3143). Parricida dagegen betritt die Szene in Verkleidung eines Mönches (vgl. S. 110, Regieanweisung nach V. 3098). Er muss sich verstecken und wirkt verängstigt (vgl. S. 110, Regieanweisung nach V. 3104). Schon im Mönchsgewand jagt er Hedwig Angst ein (vgl. V. 3119 ff.). Als Tell ihn erkennt, weicht er entsetzt zurück (vgl. V. 3156 ff.). Tell hat durch seine Tat seinen inneren und äußeren Frieden gefunden. Parricida jedoch ist verstört und auf der Flucht. Während er sich als Verbrecher im Verborgenen heimlich davonschleichen muss, kann sich Tell in der anschließenden letzten Szene offen als Held feiern lassen.

3. Wodurch werden die jeweiligen Gewalttaten bereits äußerlich als moralisch gerechtfertigt bzw. ungerechtfertigt erkennbar?

Schluss

Entscheidend für die moralische Legitimation einer Gewalttat erscheint im Gespräch zwischen Tell und Parricida ihre Motivation. Als Maßstab dient Schiller das Naturrecht. Während ein eigennütziger Racheakt gegen das Naturrecht verstößt, scheint ein Akt der Notwehr zum Schutz der Gemeinschaft dem Naturrecht zu entsprechen.

Übertragen auf Revolutionen und Volksaufstände bedeutet das, dass sie Schiller zufolge nur dann moralisch legitim sind, wenn sie zum Schutz des eigenen Lebens und der Familie unausweichlich sind. Den Schweizer Freiheitskampf schildert Schiller als vorbildlich: Die mörderische Tyrannei erfordert den Aufstand zum Schutz der Familie, unnötiges Blutvergießen wird vermieden, für persönliche Rache ist kein Platz. Eine blutige Revolution, die von Rache und Machtgier getrieben ist, erscheint Schiller dagegen als frevelhaft. Für Schiller hat sich die Französische Revolution spätestens mit der Terrorherrschaft zu solch einem Negativbeispiel entwickelt.

Die Frage nach der moralischen Legitimation von Gewalt bzw. einer Revolution ist Schiller offenbar so wichtig gewesen, dass er diese handlungslogisch eigentlich überflüssige Szene eingefügt hat, um nicht missverstanden zu werden. Wie die Rezeptionsgeschichte vom Drama „Wilhelm Tell“ zeigt, ist ihm das nicht immer gelungen. Problematisch ist der von ihm verwendete „Notwehr“-Begriff vor allem deshalb, weil Schiller ihn aus einer einzelnen konkreten Situation löst, in der es tatsächlich darum geht, einen körperlichen Angriff abzuwehren. Stattdessen weitet er die Notwehr auf eine vorbeugende, präventive Notwehr aus, die zukünftige Untaten verhindern soll. Zudem überträgt er den Begriff von einer einzelnen Person auf ein ganzes Volk. Dadurch wird der „Notwehr“-Begriff vage und zweifelhaft.

Der Blick auf die Prüfung: Themenfelder

Dieses Kapitel dient zur unmittelbaren Vorbereitung auf die Prüfung: Schulaufgabe bzw. Klassenarbeit oder Abschlussprüfung. Die wichtigsten Themenfelder werden in einer übersichtlichen grafischen Form dargeboten. Außerdem verweist eine kommentierte Liste mit Internetadressen (S. 125 f.) auf mögliche Quellen für Zusatzinformationen im Netz.

Die schematischen Übersichten können dazu genutzt werden,

- die wesentlichen Deutungsaspekte des Stückes kurz vor der Prüfungssituation im Überblick zu wiederholen,
- die Kerngedanken des Stückes noch einmal selbstständig zu durchdenken und
- mögliche Verständnislücken nachzuarbeiten.

Zum Verständnis der Schemata ist die Kenntnis der vorangegangenen Kapitel unerlässlich. Die Übersicht V (Vergleichsmöglichkeiten mit anderen literarischen Werken, S. 124) soll als Anregung dienen, um den eigenen Lektürekanon auf möglicherweise interessante Vergleichspunkte hin abzuklopfen.

Übersicht I: Die Entwicklung der wichtigsten Figuren

Figur	anfängliche Charakterisierung	Auslöser der Entwicklung	Ergebnis
Tell	• mutig (I. Aufzug, 1. Szene; III,3; IV,1) • hilfsbereit (I,1) • Familienmensch (I,3; III,1; III,3; V,2) • Einzelgänger (I,3; III,1) • Tatmensch mit Gottvertrauen (I,1+3; III,1+3; IV,1) • politisch naiv (I,3; II,2; III,1)	der Apfelschuss (III,3), durch den Tell klar wird, dass Geßler und die Tyrannei der Vögte seine Familie bedrohen	• tragendes Mitglied der Gesellschaft (V,letzte) • Mann der Tat und Worte (IV,3; V,2) • politisches Bewusstsein (IV,3; V,2)
Arnold vom Melchthal	• Stürmer und Dränger (I,4) • impulsiv, unbeherrscht, sinnt auf Rache (I,4)	der mäßigende Einfluss der älteren Eidgenossen Walter Fürst und Werner Stauffacher (I,4; II,2; III,3)	• vernünftiger (IV,2; V,1) • überwindet Rachebedürfnis (V,1)
Werner, Freiherr von Attinghausen	• gutmütiger Patriarch (II,1) • hält Schweizer Volk für unmündig (II,1) • pessimistisch (IV,2)	die Nachricht von Rudenz' Gesinnungswandel und vom Rütlischwur (IV,2)	• hält Schweizer Volk für mündig (IV,2) • optimistisch (IV,2)
Ulrich von Rudenz	• blind vor Liebe (II,1; III,2) • verführt vom Reiz der Macht (II,1; III,2) • überheblich, elitär (II,1)	das Gespräch mit Berta, in dem sie erklärt, mit den Schweizern zu sympathisieren (III,2)	• besinnt sich seiner inneren Natur (III,2; III,3; IV,2) • bodenständig (V,letzte)
Berta von Bruneck	• abhängig von den Habsburgern (III,2) • kluge Ratgeberin (III,2) • edelmütig (I,3; III,2+3)	Rudenz' Gesinnungswandel (III,2) und Sieg der Eidgenossen (V,1)	• freie Schweizer Bürgerin (V,letzte)
Johannes Parricida	• egoistischer Mörder (V,1+2)	Ächtung (V,1) und Gespräch mit Tell (V,2)	• sieht seine Tat als Fehler an, will um Gnade flehen (V,1+2)
Figuren ohne nennenswerte Entwicklung			
Hermann Geßler • Tyrann (III,3; IV,3) • unbarmherzig (III,3; IV,3) • uneinsichtig (III,3; IV,3) • feige (III,2) • neidisch (I,2)	*Walter Fürst* • maßvoll, weise (I,4; II,2; III,3; V,1) • hilfsbereit (I,4) • mutig (I,4; II,2)	*Werner Stauffacher* • politisch weitsichtiger Anführer (I,2; I,3; I,4; III,3) • entschlossen, mutig (I,4) • hilfsbereit (I,2) • bescheiden (I,4)	*Gertrud und Hedwig* • kluge Ratgeberinnen (I,2; III,1) • aus der öffentlichen Politik ausgeschlossen (I,1; I,2; II,2)

Übersicht II: Revolution und Tyrannenmord

Beweggründe einer Revolution bzw. eines Tyrannenmordes, die Schiller im Drama „Wilhelm Tell“ als moralisch darstellt	Beweggründe einer Revolution bzw. eines Tyrannenmordes, die Schiller im Drama „Wilhelm Tell“ als unmoralisch verurteilt
• Notwehr (II,2; IV,3; V,2) • Schutz der Familie (I,2; IV,3; V,2) • Gerechtigkeit (I,2; II,2; IV,1; V,2) • Freiheit (II,1+2; III,2+3)	• persönliche Rache (II,2; IV,3; V,1+2) • Machtstreben (V,1+2) • Neid (V,2) • Ehrsucht (V,2)
→ uneigennützig, so friedlich wie möglich (V,1)	→ eigennützig, rücksichtslos und blutig (V,1)
→ **begründet durch Naturrecht bzw. Gottvertrauen** (II,2; III,2; IV,1; V,2)	→ **verstößt gegen Naturrecht** (V,2)
verkörpert durch: • Tell: schützt seine Familie (IV,3; V,2) • Eidgenossen: schützen das Schweizer Volk (I,2; II,2)	**verkörpert durch:** • Parricida: rächt sich an seinem Onkel, König Albrecht I. (V,1+2)
• Arnold vom Melchthal neigt zur Rache, lässt sich aber eines Besseren belehren (I,4; V,1)	
↓ **Schiller schildert den Schweizer Freiheitskampf als Idealfall einer Revolution** (verweist indirekt auf Amerikanische Revolution).	↓ **Schiller verweist indirekt auf die Französische Revolution als Negativbeispiel.**

Übersicht III: Dramentheoretische Aspekte

Gemeinsamkeiten zwischen dem klassischen Regeldrama und dem Drama „Wilhelm Tell"

Aufbau folgt dem klassischen Fünfaktschema:

- *1. Akt = Exposition*: Figuren (Tell, Eidgenossen, indirekt Geßler), Ort (Schweiz), Zeit (Spätmittelalter) und Handlungskonflikte (Unterdrückung des Schweizer Volkes) werden eingeführt.
- *2. Akt = steigende Handlung:* Konflikte spitzen sich zu (Rütlischwur; II,2).
- *3. Akt = Höhepunkt und Wendepunkt:* Konflikte erreichen ihren Höhepunkt (Tells Apfelschuss; III,3) und die Handlung nimmt eine entscheidende Wende (Tell kann sich nicht länger heraushalten).
- *4. Akt = fallende Handlung:* Das Ende wird noch einmal verzögert (Tells Gefangenschaft; IV,1; Attinghausens Tod; IV,2).
- *5. Akt = Schluss – Lösung oder Katastrophe:* Das Stück endet entweder mit der „Lösung" der Konflikte oder in einer „Katastrophe" (Lösung: Die Eidgenossen siegen, Tell rettet seine Familie.).

Unterschiede zwischen dem klassischen Regeldrama und dem Drama „Wilhelm Tell"

Regeldrama	*Drama „Wilhelm Tell"*
• Einheit der Handlung (ein einziges Handlungsgeschehen) • Einheit der Zeit (Drama spielt an einem Tag) • Einheit des Ortes (Drama spielt an einem Ort)	• mehrere parallele Handlungsstränge mit 2 Haupthandlungen (Freiheitskampf, Tell und Geßler), einer Nebenhandlung (Rudenz und Berta) und einer Kontrasthandlung (Parricida) • Das Drama verdichtet die tatsächlichen historischen Abläufe, die zur Gründung der Schweiz führten, auf wenige Wochen, nähert sich damit jedoch lediglich tendenziell einer Einheit der Zeit an. • zahlreiche Ortswechsel

→ **Schillers Drama „Wilhelm Tell" hält sich nicht an die Regelvorgabe der „drei Einheiten".**

Übersicht IV: Zentrale Motive und Themenfelder

Geschlechterrollen
- Frauen als Ratgeberinnen mit natürlichem Moralempfinden (I,2; III,2)
- Männer als Handelnde (I,2; IV,3; V,1)
- Frauen begrenzt auf Privatbereich (I,2; II,2; V,letzte)
- Männer bestimmen Politik (I,4; II,2)

Barmherzigkeit und Rache
- Eidgenossen lehnen Rache ab und beweisen im Gegensatz zu Geßler und den Vögten christliche Barmherzigkeit (II,2; III,3; IV,3; V,1; V,2)
- gesellschaftliche, zukunftsorientierte Gerechtigkeit widerspricht persönlicher, rückwärtsgewandter Rache (V,1; V,2)

Natur
- wilde Natur symbolisiert Freiheit und idyllischen Urzustand (I,1; III,3)
- Gottvertrauen durch Leben im Einklang mit Natur(-recht) (I,1; II,2; III,1)
- Verwirklichung der Naturrechte als gesellschaftliches Ideal (II,2)
- Verwirklichung der natürlichen Bestimmung als individuelles Ideal (III,1; III,2)
- Natur als Ausdruck eines göttlichen Willens bzw. Gerichtes (II,2; IV,1)

Freiheit + Naturrecht (als moralischer Maßstab)

Tradition und Moderne
- Attinghausen steht für die gute alte Zeit (II,1; IV,2)
- Eidgenossen verändern Verhältnisse (von der Stände- zur Bürgergesellschaft; V,letzte), bewahren aber moralische Werte (IV,2)
- Habsburger verkörpern moralischen Verfall (II,1; III,2; III,3; IV,2)

Tyrannei und Revolution
- Hut und Apfelschuss als Symbole widernatürlicher Fremdherrschaft und Tyrannei (III,1; III,3; V,2)
- Notwehr und Selbstschutz als moralische Rechtfertigung der Revolution und des Tyrannenmordes (II,2; IV,3; V,2)

Wort und Tat
- Tell wird als Mann der konkreten Tat eingeführt (I,1; I,3),
- mit überschaubarem Wirkungskreis, Familienmensch (I,3).
- Stauffacher wird als Mann des Wortes eingeführt (I,3),
- verkörpert die abstrakte, große Politik (I,3; I,4; II,2).
- Volksaufstand verknüpft Wort und Tat; Tell rechtfertigt sich (IV,3; V,2); Stauffacher handelt (I,2; I,4; II,2).

Übersicht V: Vergleichsmöglichkeiten mit anderen literarischen Werken

Schillers „Wilhelm Tell“

Figurenvergleiche, z. B.
- Wilhelm Tell mit Karl Moor aus Schillers Drama „Die Räuber“
- Wilhelm Tell mit Götz von Berlichingen aus J. W. Goethes Drama „Götz von Berlichingen mit der eisernen Hand“
- Wilhelm Tell mit Hamlet aus William Shakespeares gleichnamiger Tragödie
- Arnold vom Melchthal mit Ferdinand aus Schillers Drama „Kabale und Liebe“
- Ulrich von Rudenz mit Leopold aus Theodor Fontanes Roman „Frau Jenny Treibel“

Schillers Darstellung des Freiheitskampfes bzw. des Tyrannenmordes im Vergleich
- mit William Shakespeares Tragödie „Julius Cäsar“
- mit Gottfried August Bürgers Gedicht „Der Bauer an seinen durchlauchtigen Tyrannen“
- mit Schillers Drama „Die Jungfrau von Orleans“
- mit Georg Büchners Drama „Dantons Tod“
- mit Gerhart Hauptmanns Drama „Die Weber“
- mit Heiner Müllers Drama „Mauser“
- mit Max Frischs „Wilhelm Tell für die Schule“
- mit Rolf Hochhuths Theaterstück „Judith“

Schillers dramaturgische Gestaltung im Vergleich
- mit einer antiken Tragödie, z. B. Sophokles' „Antigone“
- mit einem Drama des Sturm und Drang, z. B. Schillers „Die Räuber“ oder J. W. Goethes „Götz von Berlichingen“
- mit einem Drama der Aufklärung, z. B. G. E. Lessings „Emilia Galotti“ oder „Nathan der Weise“
- mit einem Drama William Shakespeares, z. B. „Romeo und Julia“ oder „Hamlet“

Motivvergleiche, z. B.
- mit dem Motiv des Konfliktes zwischen Recht und Gerechtigkeit in Sophokles' Tragödie „Antigone“
- mit dem Motiv des natürlichen Urzustandes und Naturrechts in G. E. Lessings Drama „Nathan der Weise“
- mit dem Motiv der idyllischen Natur in J. W. Goethes Briefroman „Die Leiden des jungen Werthers“
- mit dem Motiv der inneren Bestimmung eines Menschen in J. W. Goethes Bildungsroman „Wilhelm Meisters Lehrjahre“
- mit dem Motiv der Familie in Theodor Fontanes Roman „Effi Briest“

Internetadressen

Unter diesen Internetadressen kann man sich zusätzlich informieren:

www.uni-jena.de/Sonderausgabe_Schiller_Rezeption.html
(Artikel zur Rezeptionsgeschichte und politischen Vereinnahmung von Schillers Drama „Wilhelm Tell")

www.planet-wissen.de/kultur/mitteleuropa/urlaubsland_schweiz/pwieschillerwilhelmtellvonderfabrikationeines mythos100.html
(Artikel zum historischen Hintergrund und zur Wirkungsgeschichte vom Drama „Wilhelm Tell")

www.lmz-bw.de/fileadmin/user_upload/Medienbildung_MCO/fileadmin/bibliothek/ruppelt_schiller/ruppelt_schiller.pdf
(Artikel zur anfänglichen Vereinnahmung und zum späteren Verbot des Dramas „Wilhelm Tell" während des Nationalsozialismus)

www.schiller-institut.de/jahr2005/wort/groesse.htm
(umfangreiche Webseite zum Leben und Werk Schillers)

www.wasistwas.de/archiv-sport-kultur-details/friedrich-schiller-der-idealist-unter-den-deutschen-dich tern.html
(Artikel zu Schillers Leben und Werk)

www.schule-bw.de/unterricht/faecher/deutsch/unterrichtseinheiten/projekte/ergebnis/tell
(„Wilhelm Tell" als Fotoroman der Klasse 8e des Theodor-Heuss-Gymnasiums Mühlacker (Schuljahr 2002/03))

www.tellspiele.ch/
(Webseite der jährlichen Tellspiele in Matten bei Interlaken)

www.schulen-ins-netz.com/tell/tell.htm
(Charakterisierung Tells und Gesslers, Hintergründe und kurze Infos zur Gattung und einzelnen Szenen)

www.friedrich-schiller-archiv.de/dramen/wilhelm-tell/
(umfassende Inhaltsangaben, Charakterisierungen und Hintergründe)

[Stand: 07.11.2016]

Literatur

Textausgabe

Friedrich Schiller: Wilhelm Tell, hrsg. von Johannes Diekhans, erarbeitet und mit Anmerkungen und Materialien versehen von Günter Schumacher und Klaus Vorrath. Paderborn: Schöningh Verlag [16]2012

Frisch, Max: Wilhelm Tell für die Schule. Berlin: Suhrkamp Verlag 1971

Geist, Alexander: Lektüre Durchblick: Friedrich Schiller. Wilhelm Tell. München: Mentor 2010

Krischel, Volker: Friedrich Schiller. Wilhelm Tell. Hollfeld: C. Bange Verlag 2011

Neubauer, Martin: Lektüreschlüssel: Friedrich Schiller. Wilhelm Tell. Stuttgart: Reclam 2004

Suppanz, Franz: Erläuterungen und Dokumente: Friedrich Schiller. Wilhelm Tell. Stuttgart: Reclam 2005

Notizen